JEAN-LUC LAGARCE

Juste la fin du monde

préface
de Jean-Pierre Sarrazac

Les Solitaires Intempestifs

Texte intégral
(Le texte de la pièce correspond à l'édition établie en 2007)

Couverture réalisée d'après l'affiche du film
Juste la fin du monde © Xavier Dolan

© 2020, ÉDITIONS LES SOLITAIRES INTEMPESTIFS
1, rue Gay-Lussac – 25000 BESANÇON
Tél. : 33 [0]3 81 81 00 22 – Fax : 33 [0]3 81 83 32 15

Nouvelle édition
(annexes augmentées – la pagination du texte de la pièce reste inchangée)

www.solitairesintempestifs.com

ISBN 978-2-84681-612-0

SOMMAIRE

PRÉFACE 7

JUSTE LA FIN DU MONDE 21
   Prologue 23
   Première partie 25
   Intermède 79
   Deuxième partie 87
   Épilogue 105

ANNEXES

SUR LA PIÈCE 109
   Chronologie 109
   Retour sur l'écriture 113
   Genèse 127
   Scènes comparées 129
   L'adaptation cinématographique par Xavier Dolan 135

L'AUTEUR 139
   Chronologie 139
   Découvrir d'autres textes 145
   Bibliographie 149

SITOGRAPHIE 157

PRÉFACE

Souvent un titre porte un secret, qui est celui de l'œuvre elle-même ; quelquefois ce secret est un message. Il peut même advenir que ce message s'avère intransmissible. C'est le cas de *Juste la fin du monde* dont le protagoniste, prénommé Louis, revient dans sa famille, après une très longue absence, afin d'annoncer sa mort prochaine, mais repart sans avoir rien dit à ses parents de l'issue fatale. Toute la pièce de Lagarce – l'un de ses textes les plus testamentaires, avec le *Journal* et *Le Pays lointain* – tient dans cet écart temporel entre l'intention d'annoncer la (mauvaise) nouvelle et l'impossibilité de le faire.

> LOUIS. – [...] je décidai de retourner les voir, revenir sur mes pas, aller sur mes traces et faire le voyage, [...]
> pour annoncer,
> dire,
> seulement dire,
> ma mort prochaine et irrémédiable,
> l'annoncer moi-même, en être l'unique messager [...].
>
> Prologue.

> LOUIS. – [...] vers la fin de la journée,
> sans avoir rien dit de ce qui me tenait à cœur [...]
> sans avoir jamais osé faire tout ce mal,
> je repris la route [...].
>
> Deuxième partie, scène 1.

Un *mouvement contrarié*, ce pourrait être la définition minimale de cette pièce et, peut-être, de tout le théâtre de Lagarce. Dans sa mégalomanie, l'individu-roi, artiste de surcroît, s'apprête à annoncer la fin du monde – en fait, de soi-même au monde – puis finit par s'avouer en son for intérieur, sur le mode dépressif, qu'il ne s'agit après tout que de cela : « juste la fin du monde ». Pas de quoi en faire une histoire. Ou, à la rigueur, une pièce de théâtre d'un type particulier : un drame qui n'advient pas, qui restera l'affaire intime d'un seul, en butte à l'impossibilité de se faire entendre – ou à celle de s'exprimer – dans son ultime confrontation avec les autres, mère, sœur, frère et belle-sœur, êtres chers et cependant définitivement éloignés. On ne s'étonnera pas que ce drame avorté, ce drame « à blanc » se déroule – ou se défasse – tout au long d'un dimanche, jour non ouvrable, jour de la vacuité, jour mythique des petites cérémonies domestiques et des sourds conflits familiaux.

*

Plusieurs des pièces de Jean-Luc Lagarce trouvent leur origine dans la parabole du Fils prodigue telle qu'on la trouve dans l'Évangile de Luc (XV, 23) : *Retour à la citadelle* et *Les Orphelins* (1984), *Juste la fin du monde* (1990), *J'étais dans ma maison et j'attendais que la pluie vienne* (1994), *Le Pays lointain* (1995). À l'instar de Gide qui imagine, dans une de ses fameuses soties, qu'une fois le Fils prodigue rentré à la maison et fêté, c'est au tour de son frère aîné de prendre la route, Lagarce imprime à la parabole originelle, dans chacune de ces pièces, d'importantes variations. Dans *Juste la fin du monde*, le père, décédé, n'est pas là pour accueillir Louis (c'est précisément sous la figure du « Père, mort déjà » qu'il fera sa réapparition dans *Le Pays lointain*, pièce ultime résultant d'une profonde réécriture de *Juste la fin du monde*). En outre, Louis n'est pas le cadet mais l'aîné des fils. Mais la principale distorsion se trouve ailleurs : dans le fait qu'au lieu de « revenir à la vie », comme il est dit chez Luc, le Fils prodigue de Jean-Luc est voué à une mort prochaine, une mort dont, une fois dans le cercle familial, il s'interdira d'annoncer la nouvelle. D'une certaine manière, Louis est un mort (« déjà ») qui revient parmi les vivants, et ceux-ci ne cessent de ressentir son étrangeté, sans pour autant savoir d'où elle procède. Peut-être même ont-ils fait de son vivant le deuil du Fils prodigue :

> LOUIS. – [...] Il y a dix jours,
> j'étais dans mon lit et je me suis éveillé [...].
> Je me réveillai avec l'idée étrange et désespérée et indestructible encore
> qu'on m'aimait déjà vivant comme on voudrait m'aimer mort
> sans pouvoir et savoir jamais rien me dire.
>
> Première partie, scène 5.

On pourrait aussi avancer le contraire : que Louis, malgré le mal qui le ronge, se considère comme le seul vivant face à cette assemblée des spectres familiaux. Mais ce serait méconnaître la tendresse infinie qu'il éprouve pour les membres de sa famille et oublier ce souci de ne pas leur « faire de mal » qui, au moins en partie, explique son renoncement à dire son attente d'une mort prochaine. Quoi qu'il en soit, il existe dans la pièce un profond décalage, fait d'une intimidation réciproque, entre celui qui revient et ceux qui l'accueillent. L'un est tout en retenue, les autres expriment tout au long de ce dimanche qui les réunit une dernière fois leur infinie perplexité à l'égard de celui qui les a désertés.

*

Mais ce qui démarque nettement *Juste la fin du monde* d'un drame de type psychologique, c'est l'inscription, dans la forme même de la pièce, de la partition entre deux espèces, deux castes de personnages. D'un côté, Louis, le nomade, à la fois personnage et narrateur d'une pièce qui s'écrit selon son point de vue, son regard, son écoute ; de l'autre, le quatuor des sédentaires – Suzanne, Antoine, Catherine et la Mère.

Dans l'ordre de la dramaturgie, Louis – qui sonne comme « Lui » – est l'héritier de toute une lignée de personnages déracinés : non seulement le Fils prodigue de la Bible, mais aussi Ahasvérus, le Juif errant, et Ismaël, le fils voué à l'exil qu'eut Abraham avec la servante Agar, le Jedermann ou l'Everyman des moralités du Moyen Âge et enfin, plus près de nous, l'Axel de Villiers de L'Isle-Adam, le Peer Gynt d'Ibsen, l'Inconnu du *Chemin de Damas* de Strindberg et tant de personnages du théâtre expressionniste allemand, qui, après s'être arrachés à leur milieu d'origine, ont couru éperdument au devant de leur destin solitaire et, le plus souvent, de la mort. Le Fils prodigue de la parabole reste un sédentaire avec un épisode de nomadisme. Louis, lui, s'est définitivement désarrimé de sa famille, de son lieu de naissance ; il pourrait reprendre à son compte la profession de foi de l'Inconnu du

Chemin de Damas : « Je n'ai pas de maison, mais seulement un sac de voyage. »

Dramaturgie du bout du chemin de la vie : Louis restera pour l'éternité un personnage – ou un spectre – en mouvement, un marcheur, un mort debout, un mort qui marche.

Après sa courte halte dans la maison familiale, c'est d'ailleurs ainsi qu'il réapparaîtra furtivement, telle une créature de Giacometti, dans l'épilogue de la pièce : « et je marche seul dans la nuit, / à égale distance du ciel et de la terre ». Louis est au principe même du mouvement – contrarié – de la pièce. Et c'est à juste titre que François Berreur, dans sa mise en scène, et que son interprète, Hervé Pierre, en ont fait d'entrée de jeu un danseur, un funambule... Les quatre autres personnages forment, eux, un chœur désuni et, à leur corps défendant, un tribunal devant lequel le personnage errant vient comparaître, chacun témoignant de ce qu'il a représenté pour lui dans une sorte de déposition procédurale, ou encore d'oraison funèbre inconsciente prononcée face à un mort debout :

> ANTOINE. – [...] Tu ne disais rien.
> Tu buvais ton café, tu devais boire un café
> et tu avais mal au ventre parce que tu ne fumes pas et que les endroits comme celui-là, tôt le matin,
> je le sais mieux que toi,
> les endroits comme celui-là puent la fumée et donnent envie de dégueuler,
> avec la fumée qui te descend dessus et te donne mal à la tête
> et aux yeux.
> Tu lisais le journal,
> tu dois être devenu ce genre d'hommes qui lisent les journaux, des journaux que je ne lis jamais [...].
>
> Première partie, scène 11.

Le traditionnel microcosme dramatique se trouve brisé, séparé en deux parties inégales : d'un côté, Louis, personnage narrateur, messager potentiel de la nouvelle de sa propre mort ; de l'autre la famille, tout à la fois soudée et désunie par ses querelles ataviques que réveille le retour du Fils prodige. Le quatuor familial représente la dimension statique de la pièce, dont toute la part dynamique est en quelque sorte contenue dans la démarche – ô combien compromise – de Louis. La pièce entière de Lagarce se présente ainsi comme un *fragment* : l'avant-dernière station d'un drame itinérant – *Stationendrama*, diraient les Allemands – dont Louis serait la figure centrale, mi-héroïque mi-grotesque : Fils prodigue confronté à l'aporie, à l'impasse tragique du retour. Du protagoniste de *Juste la fin du monde* – que l'on retrouvera dans *Le Pays lointain*, mais escorté de tout un monde extérieur à la famille : « Longue Date », « l'Amant, mort déjà », « un Garçon, tous les garçons », « le Guerrier, tous les guerriers », « Hélène » – on pourrait dire qu'il arbore les traits, parfaitement oxymoriques, de l'*étranger-familier*. Fils prodigue qui, même de retour, ne cesse de porter avec lui et en lui ce « pays lointain » pour lequel, toujours selon l'Évangile de Luc, il a quitté sa famille et le lieu de ses origines. Si la reconnaissance (*anagnorisis*) représente d'après Aristote un des ressorts essentiels de la tragédie et, plus largement, de la forme dramatique dans son ensemble, la dramaturgie lagarcienne – et c'est précisément en cela qu'elle est moderne – met en scène une sorte de demi-reconnaissance ou de reconnaissance empêchée, de non-appartenance de Louis à sa propre famille. Exactement comme chez Pinter (*Le Retour*), chez Duras (*La Musica*), chez Fosse (*Et jamais nous ne serons séparés*), pièces dont les personnages – couples ou famille – sont à la fois très proches – jusqu'à la promiscuité – et très éloignés. Ou déjà, dans *John Gabriel Borkman* d'Ibsen, dont le protagoniste n'est *reconnu* par son épouse qu'une fois mort et littéralement statufié par le froid, mais surtout dans *La Maison brûlée* et *La Sonate des spectres* de Strindberg, où un père naturel renonce à se faire reconnaître par son enfant « naturel ».

*

Ce qui signe l'échec du personnage de Louis contribue paradoxalement à la réussite du dramaturge Lagarce. *Mouvement contrarié, reconnaissance empêchée* : la caractéristique de ces dramaturgies du retour, fondées sur la rétrospection, c'est de rester stériles au plan de l'action et de substituer au régime de l'enchaînement et de la progression dramatiques, celui de la déliaison et de la simple juxtaposition des parties. L'auteur semble parier sur une certaine forme d'« échec » dramaturgique et opter pour ce qu'on pourrait appeler un « monstre dramatique » plutôt que pour le « bel animal » aristotélicien et son avatar la « pièce bien faite ». Au fil du *Journal*, Lagarce ne cesse de plaider coupable devant le tribunal de la dramaturgie. Avec une belle ironie, il s'accuse de laisser aller à vau-l'eau la construction de ses pièces, lesquelles ne se présentent selon lui que comme « une sorte de succession de textes », « une série de monologues inégaux mis bout à bout » (*Ici ou ailleurs*, p. 161). « C'est décousu », finit-il par avouer.

C'est pourtant ainsi, grâce à ce lâcher-prise, que le théâtre de Lagarce rejoint cette tendance rhapsodique des écritures modernes et contemporaines qui consiste en un assemblage visible, aux coutures et décousures volontairement apparentes (*rhaptein*, en grec, signifie « coudre »), des différents morceaux de l'œuvre dramatique et des différents modes – dramatique, épique, lyrique – de la poétique littéraire. Le *continuum* dramatique cède la place à un *discontinuum*, la syntaxe orthodoxe à la parataxe, qui caractérise une esthétique du *disjoint*. La (dé)construction, la (dé)composition dramatique procèdent, chez Lagarce comme chez nombre d'auteurs modernes et contemporains, de cette pulsion rhapsodique, qui brise la sacro-sainte unité d'action et est l'instigatrice d'une forme très libre – laquelle ne signifie pas absence de forme.

Il est vrai que, dans *Juste la fin du monde*, Lagarce renonce provisoirement à ces « (...) » qui, depuis *Vagues souvenirs de l'année de la peste* (1982), servaient à assembler les fragments autonomes de l'œuvre en transposant au théâtre la pratique godardienne du faux raccord, mais la dimension rhapsodique n'en est pas moins évidente. Un prologue et un épilogue encadrant deux parties, conçues comme deux grands chapitres : les effets de montage dans *Juste la fin du monde* renvoient plus au roman – à cette nécessaire « romanisation » de l'univers dramatique que théorise Bakhtine – qu'à l'organicité (toujours la référence aristotélicienne au « bel animal, » à l'« être vivant » qu'on ne saurait dépecer). Au principe classique des sutures invisibles, de la scène qui a horreur du vide et de toute interruption de l'action, il s'agit de substituer une structure *en dispersion*. Se dessine alors un nouveau corps du drame, un corps éclaté, démembré, à la manière d'un Jérôme Bosch.

*

Du théâtre de Lagarce, on pourrait dire ce que Tchekhov disait de ses pièces : « Il ne s'y passe rien. » Des grandes actions prévues – effectuer son retour, annoncer sa nouvelle, délivrer son message – aucune n'atteint son but ni même n'accède à un début de réalisation. En fait, dans ce théâtre statique par essence, tout se passe à une autre échelle. À un niveau microscopique. Dans ce que Michel Vinaver appellerait peut-être la « capillarité » de l'œuvre : une série de micro-actions entièrement portées par les différentes phases – ou figures – de l'échange verbal entre les personnages. Nous avons affaire à ces fameuses « situations de langage » dont Barthes affirme, dans un article sur Adamov recueilli dans les *Mythologies*, qu'elles ressortissent à une « réalité dramatique qu'il faudra bien finir par admettre à côté du vieil arsenal des intrigues, actions, personnages, conflits et autres éléments du théâtre classique ».

De la situation de langage, Barthes nous apprend encore qu'elle s'affranchit de la psychologie, qu'elle n'est pas sans rapport, du moins pour la distance, avec la parodie, qu'elle se situe « un peu en deçà de la caricature », qu'elle correspond à une parole « vitrifiée » et qu'elle met en scène un langage « tissé de menus lieux communs, de truismes partiels, de stéréotypes à peine discernables, jetés avec la force de l'espoir – ou du désespoir – comme les parcelles d'un mouvement brownien »…

Nous savons que le jeu de l'acteur est fait d'une certaine combinaison de paroles et de gestes. Qu'un certain théâtre académique a promu un type d'acteur dont seul compte le rapport au verbe, à la parole proférée. À l'opposé, de Diderot à Brecht, en passant par Lessing, s'est inventé, contre cette pseudo-tradition, un théâtre dont le geste – le *gestus* brechtien – est l'assise même ; la gestuelle venant dans ce cas relativiser, voire contredire le discours verbal. Le théâtre de Lagarce appartient encore à une autre lignée, illustrée par Tchekhov, où des paroles en apparence anodines viennent percuter les corps, les déstabiliser, les faire vaciller ou tomber comme des quilles. Ainsi dans cette scène inaugurale aux accents comiques où Louis rencontre pour la première fois sa belle-sœur Catherine, qui est depuis des années l'épouse de son frère Antoine :

> SUZANNE. – C'est Catherine.
> Elle est Catherine.
> Catherine, c'est Louis.
> Voilà Louis.
> Catherine.
>
> ANTOINE. – Suzanne, s'il te plaît, tu le laisses avancer, laisse-le avancer.
>
> CATHERINE. – Elle est contente.
>
> ANTOINE. – On dirait un épagneul.
>
> LA MÈRE. – Ne me dis pas ça, ce que je viens d'entendre, c'est vrai, j'oubliais, ne me dites pas ça, ils ne se connaissent pas.
> Louis, tu ne connais pas Catherine ? Tu ne dis pas ça, vous ne vous connaissez pas, jamais rencontrés, jamais ?
>
> ANTOINE. – Comment veux-tu ? Tu sais très bien.
>
> LOUIS. – Je suis très content.
>
> CATHERINE. – Oui, moi aussi, bien sûr, moi aussi.
> Catherine.
>
> SUZANNE. – Tu lui serres la main ?

LOUIS. – Louis.
Suzanne l'a dit, elle vient de le dire.

SUZANNE. – Tu lui serres la main, il lui serre la main. Tu ne vas tout de même pas lui serrer la main ? Ils ne vont pas se serrer la main, on dirait des étrangers.

Première partie, scène 1.

Toute la pièce, à l'exception du prologue qui donne la parole à un Louis solitaire, se présente comme le raboutage rhapsodique d'un certain nombre de ces situations de langage auxquelles son retour confronte Louis : faire – enfin ! – connaissance avec sa belle-sœur Catherine ; déclarer « Je vais bien » avant même qu'on ne lui ait posé la question « comment est-ce que tu vas ? » ; prendre des nouvelles des enfants jamais rencontrés d'Antoine et de Catherine (la plus grande a – déjà – 8 ans) ; entendre longuement sa jeune sœur Suzanne lui déclarer qu'elle ne se souvient pas de lui et qu'elle ne le connaît que par ses « petits mots […] elliptiques » ; écouter sa mère évoquer les dimanches d'avant la mort du père ; donner les (fausses) raisons de son retour, etc.

Antoine, le frère récalcitrant de Louis, en atteste : « Rien jamais ici ne se dit facilement ». Et le retour inopiné du Fils prodigue constitue le puissant accélérateur de cette *crise de langage*. On remarquera que ces situations de langage dépendent moins de la parole des membres du cercle familial que de l'écoute de celui qui est venu se planter en son centre. Les autres personnages s'épanchent face à ce fils qui s'est métamorphosé en une sorte d'idole dont on ne sait si elle leur sera favorable ou hostile. Comme dans un *potlatch*, ils viennent déposer aux pieds de Louis, plus mort que vif, un flot, une véritable hémorragie de paroles quasi posthumes. Car cette nouvelle de la mort prochaine que Louis ne parvient pas à délivrer, que sa famille ne souhaite pas entendre, elle transpire, en vérité, par tous les pores de la peau du protagoniste.

Le rassemblement des paroles éparses de Suzanne, de la Mère, d'Antoine et de Catherine, leur lieu géométrique n'est autre que la conscience de Louis, personnage-rhapsode qui s'impose comme le narrateur et le témoin de sa propre épopée intime de Fils prodigue. En ce sens, Louis est sinon le porte-parole de l'auteur – au sens d'*auctoritas* – du moins celui sous la figure duquel la petite réunion dominicale, désespérément quotidienne et ordinaire, accède au souffle, à la puissance de l'oralité pour s'organiser en un véritable mythe contemporain de la vie familiale. Et cette transmutation ne peut s'opérer que grâce au socle autobiographique de la pièce, je veux parler de ce *Journal* qu'a tenu Jean-Luc Lagarce et dont la matière sera très présente dans *Le Pays lointain*, réécriture testamentaire de *Juste la fin du monde*. À l'instar de Marguerite Duras, qui l'influença profondément, Jean-Luc Lagarce construit – loin de l'autofiction à la mode – sa propre légende personnelle, palimpseste de son œuvre dramatique.

JEAN-PIERRE SARRAZAC

Juste la fin du monde

PERSONNAGES

Louis, *34 ans.*
Suzanne, *sa sœur, 23 ans.*
Antoine, *leur frère, 32 ans.*
Catherine, *femme d'Antoine, 32 ans.*
La Mère, *mère de Louis, Antoine et Suzanne, 61 ans.*

Cela se passe dans la maison de la Mère et de Suzanne, un dimanche, évidemment, ou bien encore durant près d'une année entière.

PROLOGUE

Louis. – Plus tard, l'année d'après
– j'allais mourir à mon tour –
j'ai près de trente-quatre ans maintenant et c'est à cet
âge que je mourrai,
l'année d'après,
de nombreux mois déjà que j'attendais à ne rien faire,
à tricher, à ne plus savoir,
de nombreux mois que j'attendais d'en avoir fini,
l'année d'après,
comme on ose bouger parfois,
à peine,
devant un danger extrême, imperceptiblement, sans
vouloir faire de bruit ou commettre un geste trop
violent qui réveillerait l'ennemi et vous détruirait
aussitôt,
l'année d'après,
malgré tout,
la peur,
prenant ce risque et sans espoir jamais de survivre,
malgré tout,
l'année d'après,
je décidai de retourner les voir, revenir sur mes pas,
aller sur mes traces et faire le voyage,

pour annoncer, lentement, avec soin, avec soin et précision
– ce que je crois –
lentement, calmement, d'une manière posée
– et n'ai-je pas toujours été pour les autres et eux, tout précisément, n'ai-je pas toujours été un homme posé ?,
pour annoncer,
dire,
seulement dire,
ma mort prochaine et irrémédiable,
l'annoncer moi-même, en être l'unique messager,
et paraître
– peut-être ce que j'ai toujours voulu, voulu et décidé, en toutes circonstances et depuis le plus loin que j'ose me souvenir –
et paraître pouvoir là encore décider,
me donner et donner aux autres, et à eux, tout précisément, toi, vous, elle, ceux-là encore que je ne connais pas (trop tard et tant pis),
me donner et donner aux autres une dernière fois l'illusion d'être responsable de moi-même et d'être, jusqu'à cette extrémité, mon propre maître.

PREMIÈRE PARTIE

Scène 1

SUZANNE. – C'est Catherine.
Elle est Catherine.
Catherine, c'est Louis.
Voilà Louis.
Catherine.

ANTOINE. – Suzanne, s'il te plaît, tu le laisses avancer, laisse-le avancer.

CATHERINE. – Elle est contente.

ANTOINE. – On dirait un épagneul.

LA MÈRE. – Ne me dis pas ça, ce que je viens d'entendre, c'est vrai, j'oubliais, ne me dites pas ça, ils ne se connaissent pas.
Louis, tu ne connais pas Catherine ? Tu ne dis pas ça, vous ne vous connaissez pas, jamais rencontrés, jamais ?

ANTOINE. – Comment veux-tu ? Tu sais très bien.

Louis. – Je suis très content.

Catherine. – Oui, moi aussi, bien sûr, moi aussi.
Catherine.

Suzanne. – Tu lui serres la main ?

Louis. – Louis.
Suzanne l'a dit, elle vient de le dire.

Suzanne. – Tu lui serres la main, il lui serre la main.
Tu ne vas tout de même pas lui serrer la main ? Ils
ne vont pas se serrer la main, on dirait des étrangers.
Il ne change pas, je le voyais tout à fait ainsi,
tu ne changes pas,
il ne change pas, comme ça que je l'imagine, il ne
change pas, Louis,
et avec elle, Catherine, elle, tu te trouveras, vous vous
trouverez sans problème, elle est la même, vous allez
vous trouver.
Ne lui serre pas la main, embrasse-la.
Catherine.

Antoine. – Suzanne, ils se voient pour la première fois !

Louis. – Je vous embrasse, elle a raison, pardon, je
suis très heureux, vous permettez ?

Suzanne. – Tu vois ce que je disais, il faut leur dire.

La Mère. – En même temps, qui est-ce qui m'a mis
une idée pareille en tête, dans la tête ? Je le savais.
Mais je suis ainsi, jamais je n'aurais pu imaginer qu'ils
ne se connaissent,

que vous ne vous connaissiez pas,
que la femme de mon autre fils ne connaisse pas mon fils,
cela, je ne l'aurais pas imaginé,
cru pensable.
Vous vivez d'une drôle de manière.

CATHERINE. – Lorsque nous nous sommes mariés, il n'est pas venu et depuis, le reste du temps, les occasions ne se sont pas trouvées.

ANTOINE. – Elle sait ça parfaitement.

LA MÈRE. – Oui, ne m'expliquez pas, c'est bête, je ne sais pas pourquoi je demandais cela,
je le sais aussi bien mais j'oubliais, j'avais oublié toutes ces autres années,
je ne me souvenais pas à ce point, c'est ce que je voulais dire.

SUZANNE. – Il est venu en taxi.
J'étais derrière la maison et j'entends une voiture,
j'ai pensé que tu avais acheté une voiture, on ne peut pas savoir, ce serait logique.
Je t'attendais et le bruit de la voiture, du taxi, immédiatement, j'ai su que tu arrivais, je suis allée voir, c'était un taxi,
tu es venu en taxi depuis la gare, je l'avais dit, ce n'est pas bien, j'aurais pu aller te chercher,
j'ai une automobile personnelle,
aujourd'hui tu me téléphones et je serais immédiatement partie à ta rencontre,
tu n'avais qu'à prévenir et m'attendre dans un café.

J'avais dit que tu ferais ça,
je leur ai dit,
que tu prendrais un taxi,
mais ils ont tous pensé que tu savais ce que tu avais
à faire.

La Mère. – Tu as fait un bon voyage ? Je ne t'ai pas
demandé.

Louis. – Je vais bien.
Je n'ai pas de voiture, non.
Toi, comment est-ce que tu vas ?

Antoine. – Je vais bien.
Toi, comment est-ce que tu vas ?

Louis. – Je vais bien.
Il ne faut rien exagérer, ce n'est pas un grand voyage.

Suzanne. – Tu vois, Catherine, ce que je disais,
c'est Louis,
il n'embrasse jamais personne,
toujours été comme ça.
Son propre frère, il ne l'embrasse pas.

Antoine. – Suzanne, fous-nous la paix !

Suzanne. – Qu'est-ce que j'ai dit ?
Je ne t'ai rien dit, je ne lui dis rien à celui-là,
je te parle ?
Maman !

Scène 2

CATHERINE. – Ils sont chez leur autre grand-mère,
nous ne pouvions pas savoir que vous viendriez,
et les lui retirer à la dernière seconde, elle n'aurait pas admis.
Ils auraient été très heureux de vous voir, cela, on n'en doute pas une seconde
– non ? –,
et moi aussi, Antoine également,
nous aurions été heureux, évidemment, qu'ils vous connaissent enfin.
Ils ne vous imaginent pas.

La plus grande a huit ans.
On dit, mais je ne me rends pas compte,
je ne suis pas la mieux placée,
tout le monde dit ça,
on dit,
et ces choses-là ne me paraissent jamais très logiques
– juste un peu, comment dire ? pour amuser,
non ? –,
je ne sais pas,
on dit et je ne vais pas les contredire, qu'elle ressemble à Antoine,
on dit qu'elle est exactement son portrait, en fille,
la même personne.
On dit toujours des choses comme ça, de tous les enfants on le dit, je ne sais pas, pourquoi non ?

LA MÈRE. – Le même caractère, le même sale mauvais caractère,

ils sont les deux mêmes, pareils et obstinés.
Comme il est là aujourd'hui, elle sera plus tard.

CATHERINE. – Vous nous aviez envoyé un mot,
vous m'avez envoyé un mot, un petit mot, et des fleurs,
je me souviens.
C'était, ce fut, c'était une attention très gentille et j'en
ai été touchée, mais en effet,
vous ne l'avez jamais vue.
Ce n'est pas aujourd'hui, tant pis, non, ce ne sera pas
aujourd'hui que cela changera.
Je lui raconterai.
Nous vous avions, avons, envoyé une photographie
d'elle
– elle est toute petite, toute menue, c'est un bébé, ces
idioties ! –
et sur la photographie, elle ne ressemble pas à Antoine,
pas du tout, elle ne ressemble à personne,
quand on est si petit on ne ressemble à rien,
je ne sais pas si vous l'avez reçue.
Aujourd'hui, elle est très différente, une fille, et vous
ne pourriez la reconnaître,
elle a grandi et elle a des cheveux.
C'est dommage.

ANTOINE. – Laisse ça, tu l'ennuies.

LOUIS. – Pas du tout,
pourquoi est-ce que tu dis ça, ne me dis pas ça.

CATHERINE. – Je vous ennuie, j'ennuie tout le monde
avec ça, les enfants,
on croit être intéressante.

Louis. – Je ne sais pas pourquoi il a dit ça,
je n'ai pas compris,
pourquoi est-ce que tu as dit ça ?
c'est méchant, pas méchant, non, c'est déplaisant.
Cela ne m'ennuie pas du tout, tout ça, mes filleuls,
neveux, mes neveux, ce ne sont pas mes filleuls, mes
neveux, nièces, ma nièce, ça m'intéresse.

Il y a aussi un petit garçon, il s'appelle comme moi.
Louis ?

Catherine. – Oui, je vous demande pardon.

Louis. – Cela me fait plaisir, je suis touché, j'ai été touché.

Catherine. – Il y a un petit garçon, oui.
Le petit garçon a,
il a maintenant six ans.
Six ans ?
Je ne sais pas, quoi d'autre ?
Ils ont deux années de différence, deux années les séparent.
Qu'est-ce que je pourrais ajouter ?

Antoine. – Je n'ai rien dit,
ne me regarde pas comme ça !
Tu vois comme elle me regarde ?
Qu'est-ce que j'ai dit ?
Ce n'est pas ce que j'ai dit qui doit, qui devrait, ce n'est pas ce que j'ai dit qui doit t'empêcher,
je n'ai rien dit qui puisse te troubler,
elle est troublée,
elle te connaît à peine et elle est troublée,

Catherine est comme ça.
Je n'ai rien dit.
Il t'écoute,
cela t'intéresse ?
Il t'écoute, il vient de le dire,
cela l'intéresse, nos enfants, tes enfants, mes enfants,
cela lui plaît,
cela te plaît ?
Il est passionné, c'est un homme passionné par cette description de notre progéniture,
il aime ce sujet de conversation,
je ne sais pas pourquoi, ce qui m'a pris,
rien sur son visage ne manifestait le sentiment de l'ennui,
j'ai dit ça, ce devait être sans y penser.

Catherine. – Oui, non, je ne pensais pas à ça.

Louis. – C'est pénible, ce n'est pas bien.
Je suis mal à l'aise,
excuse-moi,
excusez-moi,
je ne t'en veux pas, mais tu m'as mis mal à l'aise et là,
maintenant,
je suis mal à l'aise.

Antoine. – Cela va être de ma faute.
Une si bonne journée.

La Mère. – Elle parlait de Louis,
Catherine, tu parlais de Louis,
le gamin.
Laisse-le, tu sais comment il est.

Catherine. – Oui. Pardon. Ce que je disais,
il s'appelle comme vous, mais, à vrai dire...

Antoine. – Je m'excuse.
Ça va, là, je m'excuse, je n'ai rien dit, on dit que je n'ai rien dit,
mais tu ne me regardes pas comme ça,
tu ne continues pas à me regarder ainsi,
franchement, franchement,
qu'est-ce que j'ai dit ?

Catherine. – J'ai entendu.
Je t'ai entendu.

Ce que je dis, il porte avant tout,
c'est plutôt là l'origine
– je raconte –
il porte avant tout le prénom de votre père et fatalement, par déduction...

Antoine. – Les rois de France.

Catherine. – Écoute, Antoine,
écoute-moi, je ne dis rien, cela m'est égal,
tu racontes à ma place !

Antoine. – Je n'ai rien dit,
je plaisantais,
on ne peut pas plaisanter,
un jour comme aujourd'hui, si on ne peut pas plaisanter...

La Mère. – Il plaisante, c'est une plaisanterie qu'il a déjà faite.

ANTOINE. – Explique.

CATHERINE. – Il porte le prénom de votre père,
je crois, nous croyons, nous avons cru, je crois que c'est bien,
cela faisait plaisir à Antoine, c'est une idée auquel, à laquelle, une idée à laquelle il tenait,
et moi,
je ne saurais rien y trouver à redire
– je ne déteste pas ce prénom.
Dans ma famille, il y a le même genre de traditions, c'est peut-être moins suivi,
je ne me rends pas compte, je n'ai qu'un frère, fatalement,
et il n'est pas l'aîné, alors,
le prénom des parents ou du père du père de l'enfant mâle,
le premier garçon, toutes ces histoires.
Et puis,
et puisque vous n'aviez pas d'enfant, puisque vous n'avez pas d'enfant,
– parce qu'il aurait été logique, nous le savons... –
ce que je voulais dire :
mais puisque vous n'avez pas d'enfant
et Antoine dit ça,
tu dis ça, tu as dit ça,
Antoine dit que vous n'en aurez pas
– ce n'est pas décider de votre vie mais je crois qu'il n'a pas tort. Après un certain âge, sauf exception, on abandonne, on renonce –
puisque vous n'avez pas de fils,
c'est surtout cela,
puisque vous n'aurez pas de fils,

il était logique
(logique, ce n'est pas un joli mot pour une chose à l'ordinaire heureuse et solennelle, le baptême des enfants, bon)
il était logique, on me comprend,
cela pourrait paraître juste des traditions, de l'histoire ancienne mais c'est aussi ainsi que nous vivons,
il paraissait logique,
nous nous sommes dit ça, que nous l'appelions Louis, comme votre père, donc, comme vous, de fait.
Je pense aussi que cela fait plaisir à votre mère.

ANTOINE. – Mais tu restes l'aîné, aucun doute là-dessus.

LA MÈRE. – Dommage vraiment que tu ne puisses le voir.
Et si à ton tour…

LOUIS. – Et là, pour ce petit garçon,
comment est-ce que vous avez dit ? « L'héritier mâle » ?
Je n'avais pas envoyé de mot ?

ANTOINE. – Mais merde, ce n'est pas de ça qu'elle parlait !

CATHERINE. – Antoine !

Scène 3

1 SUZANNE. – Lorsque tu es parti
– je ne me souviens pas de toi –
je ne savais pas que tu partais pour tant de temps, je n'ai pas fait attention,
5 je ne prenais pas garde,
et je me suis retrouvée sans rien.
Je t'oubliai assez vite.
J'étais petite, jeune, ce qu'on dit, j'étais petite.

Ce n'est pas bien que tu sois parti,
10 parti si longtemps,
ce n'est pas bien et ce n'est pas bien pour moi
et ce n'est pas bien pour elle
(elle ne te le dira pas)
et ce n'est pas bien encore, d'une certaine manière,
15 pour eux, Antoine et Catherine.
Mais aussi
– je ne crois pas que je me trompe –,
mais aussi ce ne doit pas, ça n'a pas dû, ce ne doit pas être bien pour toi non plus,
20 pour toi aussi.
Tu as dû, parfois,
même si tu ne l'avoues pas, jamais,
même si tu ne devais jamais l'avouer
– et il s'agit bien d'aveu –
25 tu as dû parfois, toi aussi
(ce que je dis)
toi aussi,
tu as dû parfois avoir besoin de nous et regretter de ne pouvoir nous le dire.

30 Ou, plus habilement
   – je pense que tu es un homme habile, un homme qu'on pourrait qualifier d'habile, un homme « plein d'une certaine habileté » –
   ou plus habilement encore, tu as dû parfois regretter de ne pouvoir nous faire sentir ce besoin de nous
   et nous obliger, de nous-mêmes, à nous inquiéter de toi.

4 Parfois, tu nous envoyais des lettres,
   parfois tu nous envoies des lettres,
   ce ne sont pas des lettres, qu'est-ce que c'est ?
   de petits mots, juste des petits mots, une ou deux
5 phrases, rien, comment est-ce qu'on dit ?
   elliptiques.
7 « Parfois, tu nous envoyais des lettres elliptiques. »
   Je pensais, lorsque tu es parti
   (ce que j'ai pensé lorsque tu es parti),
10 lorsque j'étais enfant et lorsque tu nous as faussé compagnie (là que ça commence),
   je pensais que ton métier, ce que tu faisais ou allais faire dans la vie,
   ce que tu souhaitais faire dans la vie,
15 je pensais que ton métier était d'écrire (serait d'écrire) ou que, de toute façon
   – et nous éprouvons les uns et les autres, ici, tu le sais, tu ne peux pas ne pas le savoir, une certaine forme d'admiration, c'est le terme exact, une certaine forme d'admiration pour toi à cause de ça –,
   ou que, de toute façon,
   si tu en avais la nécessité,
   si tu en éprouvais la nécessité,
   si tu en avais, soudain, l'obligation ou le désir, tu saurais écrire,

te servir de ça pour te sortir d'un mauvais pas ou
avancer plus encore.
Mais jamais, nous concernant,
jamais tu ne te sers de cette possibilité, de ce don
(on dit comme ça, c'est une sorte de don, je crois, tu
ris)
jamais, nous concernant, tu ne te sers de cette qualité
— c'est le mot et un drôle de mot puisqu'il s'agit de
toi —
jamais tu ne te sers de cette qualité que tu possèdes,
avec nous, pour nous.
Tu ne nous en donnes pas la preuve, tu ne nous en
juges pas dignes.
C'est pour les autres.

Ces petits mots
— les phrases elliptiques —
ces petits mots, ils sont toujours écrits au dos de
cartes postales
(nous en avons aujourd'hui une collection enviable)
comme si tu voulais, de cette manière, toujours
paraître être en vacances,
je ne sais pas, je croyais cela,
ou encore, comme si, par avance,
tu voulais réduire la place que tu nous consacrerais
et laisser à tous les regards les messages sans importance que tu nous adresses.
« Je vais bien et j'espère qu'il en est de même pour
vous. »
Et même, pour un jour comme celui d'aujourd'hui,
même pour annoncer une nouvelle de cette importance,

et tu ne peux pas ignorer que ce fut une nouvelle importante pour nous,
nous tous, même si les autres ne te le disent pas,
tu as juste écrit, là encore, quelques rapides indications d'heure et de jour au dos d'une carte postale achetée très certainement dans un bureau de tabac et représentant, que je me souvienne, une ville nouvelle de la grande périphérie, vue d'avion, avec, on peut s'en rendre compte aisément, au premier plan, le parc des expositions internationales.

Elle, ta mère, ma mère,
elle dit que tu as fait et toujours fait,
et depuis sa mort à lui,
que tu as fait et toujours fait ce que tu avais à faire.
Elle répète ça
et si nous devions par hasard, seulement, ne serait-ce qu'à peine, si nous devions insinuer, oser insinuer que peut-être,
comment dire ?
tu ne fus pas toujours tellement tellement présent,
elle répond que « tu as fait et toujours fait ce que tu avais à faire »,
et nous, nous nous taisons,
est-ce qu'on sait ?
on ne te connaît pas.
Ce que je suppose, ce que j'ai supposé et Antoine pense comme moi,
il me le confirma lorsqu'il pensa que sur ce point comme sur d'autres, j'étais en âge de comprendre,
c'est que jamais tu n'oublias les dates essentielles de nos vies,
les anniversaires quels qu'ils soient,

que toujours tu restas proche d'elle, d'une certaine manière,
et que nous n'avons aucun droit de te reprocher ton absence.

C'est étrange,
je voulais être heureuse et l'être avec toi
— on se dit ça, on se prépare —
et je te fais des reproches et tu m'écoutes,
tu sembles m'écouter sans m'interrompre.

J'habite toujours ici avec elle.
Antoine et Catherine, avec les enfants
— je suis la marraine de Louis —
ont une petite maison, pavillon, j'allais rectifier,
je ne sais pas pourquoi tu dois aimer (ce que je pense)
tu dois aimer ces légères nuances, petite maison, bon,
comme bien d'autres, à quelques kilomètres de nous,
par là, vers la piscine découverte omnisports,
tu prends le bus 9 et ensuite le 62 et ensuite tu dois marcher encore un peu.
C'est bien, cela ne me plaît pas, je n'y vais jamais mais c'est bien.
Je ne sais pas pourquoi,
je parle,
et cela me donne presque envie de pleurer,
tout ça,
que Antoine habite près de la piscine.
Non, ce n'est pas bien,
c'est un quartier plutôt laid, ils reconstruisent mais cela ne peut pas s'arranger,

je n'aime pas du tout l'endroit où il habite, c'est loin,
je n'aime pas,
ils viennent toujours ici et nous n'allons jamais là-bas.
Ces cartes postales, tu pouvais mieux les choisir, je ne sais pas, je les aurais collées au mur, j'aurais pu les montrer aux autres filles !
Bon. Ce n'est rien.
J'habite toujours ici avec elle. Je voudrais partir mais ce n'est guère possible,
je ne sais comment l'expliquer,
comment le dire,
alors je ne le dis pas.
Antoine pense que j'ai le temps,
il dit toujours des choses comme ça, tu verras (tu t'es peut-être déjà rendu compte),
il dit que je ne suis pas mal,
et en effet, si on y réfléchit
– et en effet, j'y réfléchis, je ris, voilà, je me fais rire –
en effet, je n'y suis pas mal, ce n'est pas ça que je dis.
Je ne pars pas, je reste,
je vis où j'ai toujours vécu mais je ne suis pas mal.
Peut-être
(est-ce qu'on peut deviner ces choses-là ?)
peut-être que ma vie sera toujours ainsi, on doit se résigner, bon,
il y a des gens et ils sont le plus grand nombre,
il y a des gens qui passent toute leur existence là où ils sont nés
et où sont nés avant eux leurs parents,
ils ne sont pas malheureux,

on doit se contenter,
ou du moins ils ne sont pas malheureux à cause de ça,
on ne peut pas le dire,
et c'est peut-être mon sort, ce mot-là, ma destinée,
cette vie.
Je vis au second étage, j'ai ma chambre, je l'ai gardée,
et aussi la chambre d'Antoine
et la tienne encore si je veux,
mais celle-là, nous n'en faisons rien,
c'est comme un débarras, ce n'est pas méchanceté,
on y met les vieilleries qui ne servent plus mais qu'on n'ose pas jeter,
et d'une certaine manière,
c'est beaucoup mieux,
ce qu'ils disent tous lorsqu'ils se mettent contre moi,
beaucoup mieux que ce que je pourrais trouver avec l'argent que je gagne si je partais.
C'est comme une sorte d'appartement.
C'est comme une sorte d'appartement, mais, et ensuite j'arrête,
mais ce n'est pas ma maison, c'est la maison de mes parents,
ce n'est pas pareil,
tu dois pouvoir comprendre cela.

J'ai aussi des choses qui m'appartiennent, les choses ménagères,
tout ça, la télévision et les appareils pour entendre la musique
et il y a plus chez moi, là-haut,
je te montrerai
(toujours Antoine),

il y a plus de confort qu'il n'y en a ici-bas,
non, pas « ici-bas », ne te moque pas de moi,
qu'il n'y en a ici.
Toutes ces choses m'appartiennent,
je ne les ai pas toutes payées, ce n'est pas fini,
mais elles m'appartiennent
et c'est à moi, directement,
qu'on viendrait les reprendre si je ne les payais pas.

Et quoi d'autre encore ?
Je parle trop mais ce n'est pas vrai,
je parle beaucoup quand il y a quelqu'un, mais le reste du temps, non,
sur la durée cela compense,
je suis proportionnellement plutôt silencieuse.
Nous avons une voiture, ce n'est pas seulement la mienne
mais elle n'a pas voulu apprendre à conduire,
elle dit qu'elle a peur,
et je suis le chauffeur.
C'est bien pratique, cela nous rend service et on n'est pas toujours obligées de demander aux autres.

C'est tout.

Ce que je veux dire, c'est que tout va bien et que tu aurais eu tort,
en effet,
de t'inquiéter.

Scène 4

LA MÈRE. – Le dimanche…

ANTOINE. – Maman !

LA MÈRE. – Je n'ai rien dit,
je racontais à Catherine.
Le dimanche…

ANTOINE. – Elle connaît ça par cœur.

CATHERINE. – Laisse-la parler,
tu ne veux laisser parler personne.
Elle allait parler.

LA MÈRE. – Cela le gêne.

On travaillait,
leur père travaillait, je travaillais
et le dimanche
– je raconte, n'écoute pas –,
le dimanche, parce que, en semaine, les soirs sont courts,
on devait se lever le lendemain, les soirs de la semaine ce n'était pas la même chose,
le dimanche, on allait se promener.
Toujours et systématique.

CATHERINE. – Où est-ce que tu vas, qu'est-ce que tu fais ?

ANTOINE. – Nulle part,
je ne vais nulle part,
où veux-tu que j'aille ?
Je ne bouge pas, j'écoutais.
Le dimanche.

LOUIS. – Reste avec nous, pourquoi non ? C'est triste.

LA MÈRE. – Ce que je disais :
tu ne le connais plus, le même mauvais caractère,
borné,
enfant déjà, rien d'autre !
Et par plaisir souvent,
tu le vois là comme il a toujours été.

Le dimanche
– ce que je raconte –
le dimanche nous allions nous promener.
Pas un dimanche où on ne sortait pas, comme un rite, je disais cela, un rite,
une habitude.
On allait se promener, impossible d'y échapper.

SUZANNE. – C'est l'histoire d'avant,
lorsque j'étais trop petite
ou lorsque je n'existais pas encore.

LA MÈRE. – Bon, on prenait la voiture,
aujourd'hui vous ne faites plus ça,
on prenait la voiture,
nous n'étions pas extrêmement riches, non, mais nous avions une voiture et je ne crois pas avoir jamais connu leur père sans une voiture.

Avant même que nous nous marions, mariions ?
avant qu'on ne soit mariés, je le voyais déjà
– je le regardais –
il avait une voiture,
une des premières dans ce coin-ci,
vieille et laide et faisant du bruit, trop,
mais, bon, c'était une voiture,
il avait travaillé et elle était à lui,
c'était la sienne, il n'en était pas peu fier.

Antoine. – On lui fait confiance.

La Mère. – Ensuite, notre voiture, plus tard,
mais ils ne doivent pas se souvenir,
ils ne peuvent pas, ils étaient trop petits,
je ne me rends pas compte, oui, peut-être,
nous en avions changé,
notre voiture était longue, plutôt allongée,
« aérodynamique »,
et noire,
parce que noir, il disait cela, ses idées,
noir cela serait plus « chic », son mot,
mais bien plutôt parce que en fait il n'en avait pas trouvé d'autre.
Rouge, je le connais, rouge, voilà, je crois, ce qu'il aurait préféré.

Le matin du dimanche, il la lavait, il l'astiquait, un maniaque,
cela lui prenait deux heures
et l'après-midi, après avoir mangé,
on partait.
Toujours été ainsi, je ne sais pas,
plusieurs années, belles et longues années,

tous les dimanches comme une tradition,
pas de vacances, non, mais tous les dimanches,
qu'il neige, qu'il vente,
il disait les choses comme ça, des phrases pour chaque situation de l'existence,
« qu'il pleuve, qu'il neige, qu'il vente »,
tous les dimanches, on allait se promener.

Quelquefois aussi,
le premier dimanche de mai, je ne sais plus pourquoi,
une fête peut-être,
le premier dimanche après le 8 mars qui est la date de mon anniversaire, là,
et lorsque le 8 mars tombait un dimanche, bon,
et encore le premier dimanche des congés d'été
– on disait qu'on « partait en vacances », on klaxonnait,
et le soir, en rentrant, on disait que tout compte fait, on était mieux à la maison,
des âneries –
et un peu aussi avant la rentrée des classes, l'inverse, là, comme si on rentrait de vacances, toujours les mêmes histoires,
quelquefois,
ce que j'essaie de dire,
nous allions au restaurant,
toujours les mêmes restaurants, pas très loin et les patrons nous connaissaient et on y mangeait toujours les mêmes choses,
les spécialités et les saisons,
la friture de carpe ou des grenouilles à la crème, mais ceux-là n'aiment pas ça.

Après, ils eurent treize et quatorze ans,
Suzanne était petite, ils ne s'aimaient pas beaucoup,
ils se chamaillaient toujours, ça mettait leur père en
colère, ce furent les dernières fois et plus rien n'était
pareil.

Je ne sais pas pourquoi je raconte ça, je me tais.

Des fois encore,
des pique-niques, c'est tout, on allait au bord de la
rivière,
oh là là là !
bon, c'est l'été et on mange sur l'herbe, salade de thon
avec du riz et de la mayonnaise et des œufs durs
– celui-là aime toujours autant les œufs durs –
et ensuite, on dormait un peu, leur père et moi, sur la
couverture, grosse couverture verte et rouge,
et eux, ils allaient jouer à se battre.
C'était bien.

Après, ce n'est pas méchant ce que je dis,
après ces deux-là sont devenus trop grands, je ne sais
plus,
est-ce qu'on peut savoir comment tout disparaît ?
ils ne voulurent plus venir avec nous, ils allaient chacun
de leur côté faire de la bicyclette, chacun pour soi,
et nous seulement avec Suzanne,
cela ne valait plus la peine.

ANTOINE. – C'est notre faute.

SUZANNE. – Ou la mienne.

Scène 5

Louis. – C'était il y a dix jours à peine peut-être
– où est-ce que j'étais ? –
ce devait être il y a dix jours
et c'est peut-être aussi pour cette unique et infime
raison que je décidai de revenir ici.
Je me suis levé
et j'ai dit que je viendrais les voir,
rendre visite,
et ensuite, les jours suivants,
malgré les excellentes raisons que je me suis données,
je n'ai plus changé d'avis.

Il y a dix jours,
j'étais dans mon lit et je me suis éveillé,
calmement, paisible
– cela fait longtemps,
aujourd'hui un an, je l'ai dit au début,
cela fait longtemps que cela ne m'arrive plus et que je
me retrouve toujours, chaque matin, avec juste en tête
pour commencer, commencer à nouveau,
juste en tête l'idée de ma propre mort à venir –
je me suis éveillé, calmement, paisible,
avec cette pensée étrange et claire

je ne sais pas si je pourrai bien la dire

avec cette pensée étrange et claire
que mes parents, que mes parents,
et les gens encore, tous les autres, dans ma vie,
les gens les plus proches de moi,

que mes parents et tous ceux que j'approche ou qui s'approchèrent de moi,
mon père aussi par le passé, admettons que je m'en souvienne,
ma mère, mon frère là aujourd'hui
et ma sœur encore,
que tout le monde après s'être fait une certaine idée de moi,
un jour ou l'autre ne m'aime plus, ne m'aima plus
et qu'on ne m'aime plus
(ce que je veux dire)
« au bout du compte »,
comme par découragement, comme par lassitude de moi,
qu'on m'abandonna toujours car je demande l'abandon

c'était cette impression, je ne trouve pas les mots, lorsque je me réveillai
– un instant, on sort du sommeil, tout est limpide, on croit le saisir, pour disparaître aussitôt –
qu'on m'abandonna toujours,
peu à peu,
à moi-même, à ma solitude au milieu des autres,
parce qu'on ne saurait m'atteindre,
me toucher,
et qu'il faut renoncer,

et on renonce à moi, ils renoncèrent à moi,
tous,
d'une certaine manière,
après avoir tant cherché à me garder auprès d'eux,
à me le dire aussi,
parce que je les en décourage,

et parce qu'ils veulent comprendre que me laisser en paix,
semblant ne plus se soucier de moi, c'est m'aimer plus encore.

Je compris que cette absence d'amour dont je me plains
et qui toujours fut pour moi l'unique raison de mes lâchetés,
sans que jamais jusqu'alors je ne la voie,
que cette absence d'amour fit toujours plus souffrir les autres que moi.

Je me réveillai avec l'idée étrange et désespérée et indestructible encore
qu'on m'aimait déjà vivant comme on voudrait m'aimer mort
sans pouvoir et savoir jamais rien me dire.

Scène 6

Louis. – Vous ne dites rien, on ne vous entend pas.

Catherine. – Pardon, non, je ne sais pas.
Que voulez-vous que je dise ?

Louis. – Je suis désolé pour l'incident, tout à l'heure, je voulais que vous le sachiez.
Je ne sais pas pourquoi il a dit ça, je n'ai pas compris, Antoine.
Il veut toujours que je ne m'intéresse pas, il a dû vous prévenir contre moi.

CATHERINE. – Je n'y songeais pas, je n'y songeais plus, ce n'était pas important.
Pourquoi dites-vous ça :
« il a dû vous prévenir contre moi »,
qu'il a dû « me prévenir contre vous »,
c'est une drôle d'idée.
Il parle de vous comme il doit et il n'en parle de toute façon pas souvent,
presque jamais,
je ne crois pas qu'il parle de vous et jamais en ces termes,
rien entendu de tel, vous vous trompez.

Il croit, je crois cela, il croit que vous ne voulez rien savoir de lui, c'est ça, que vous ne voulez rien savoir de sa vie,
que sa vie, ce n'est rien pour vous,
moi, les enfants, tout ça, son métier, le métier qu'il fait...
Vous connaissez son métier, vous savez ce qu'il fait dans la vie ?
On ne dit pas vraiment un métier,
vous, vous avez un métier, un métier c'est ce qu'on a appris, ce pour quoi on s'est préparé, je ne me trompe pas ?
Vous connaissez sa situation ?
Elle n'est pas mauvaise, elle pourrait être plus mauvaise,
elle n'est pas mauvaise du tout.
Sa situation, vous ne la connaissez pas,
est-ce que vous connaissez son travail ? Ce qu'il fait ?
Ce n'est pas un reproche, ça m'ennuierait que vous le preniez ainsi,

si vous le prenez ainsi ce n'est pas bien et vous avez tort,
ce n'est pas un reproche :
moi-même, ce que je peux dire, moi-même je ne saurais exactement, avec exactitude, je ne saurais vous dire son rôle.
Il travaille dans une petite usine d'outillage,
par là,
on dit comme ça, une petite usine d'outillage, je sais où c'est,
parfois je vais l'attendre,
maintenant presque plus mais avant j'allais l'attendre,
il construit des outils, j'imagine, c'est logique, je suppose,
qu'est-ce qu'il y a à raconter ?
Il doit construire des outils mais je ne saurais pas non plus expliquer toutes les petites opérations qu'il accumule chaque jour et je ne saurais pas vous reprocher de ne pas le savoir non plus, non.
Mais lui, il peut en déduire,
il en déduit certainement,
que sa vie ne vous intéresse pas
ou si vous préférez – je ne voudrais pas avoir l'air de vous faire un mauvais procès –, il croit probablement,
je pense qu'il est ainsi
et vous devez vous en souvenir, il ne devait pas être différent plus jeune,
il croit probablement que ce qu'il fait n'est pas intéressant ou susceptible, le mot exact, ou susceptible de vous intéresser.
Et ce n'est pas être méchante
(méchant, peut-être ?)

et ce n'est pas être méchant, oui,
que de penser qu'il n'a pas totalement tort,
vous ne croyez pas ? ou je me trompe ? Je suis en train
de me tromper ?

Louis. – Ce n'est pas être méchant, en effet,
c'est plus juste.
Je souhaite, quant à moi, ce que je souhaitais,
je serais heureux de pouvoir...

Catherine. – Ne me dites rien, je vous interromps,
il est bien préférable que vous ne me disiez rien et que
vous lui disiez à lui ce que vous avez à lui dire.
Je pense que c'est mieux et vous n'y verrez pas d'inconvénient.
Moi, je ne compte pas et je ne rapporterai rien,
je suis ainsi
ce n'est pas mon rôle
ou pas comme ça, du moins, que je l'imagine.

Vous voici, à votre tour,
comment est-ce que vous avez dit ?
« prévenu contre moi ».

Louis. – Je n'ai rien à dire ou ne pas dire, je ne vois pas.

Catherine. – Très bien, parfait alors, à plus forte raison.

Louis. – Revenez ! Catherine !

Scène 7

SUZANNE. – Cette fille-là, on ne croit pas, la première fois où on la regarde,
on la suppose fragile et démunie, tuberculeuse ou orpheline depuis cinq générations,
mais on se trompe,
il ne faut pas s'y fier :
elle sait choisir et décider,
elle est simple, claire, précise.
Elle énonce bien.

LOUIS. – Toujours comme ça, toi, Suzanne ?

SUZANNE. – Moi ?

LOUIS. – Oui. « Comme ça. » Donnant « ton avis » ?

SUZANNE. – Non, à vrai dire,
de moins en moins.
Aujourd'hui, un peu, mais presque plus.
Dernière salve en ton honneur, juste pour te donner des regrets.
Oui ?
Pardon ?

LOUIS. – Quoi ?

SUZANNE. – En général, à l'ordinaire, Antoine, à ce moment-là,
Antoine me dit :
« Ta gueule, Suzanne. »

Louis. – Excuse-moi, je ne savais pas.
« Ta gueule, Suzanne. »

Scène 8

La Mère. – Cela ne me regarde pas,
je me mêle souvent de ce qui ne me regarde pas, je ne change pas, j'ai toujours été ainsi.
Ils veulent te parler, tout ça,
je les ai entendus
mais aussi je les connais,
je sais,
comment est-ce que je ne saurais pas ?
Je n'aurais pas entendu, je pourrais plus simplement encore deviner,
je devinerais de moi-même, cela reviendrait au même.
Ils veulent te parler,
ils ont su que tu revenais et ils ont pensé qu'ils pourraient te parler,
un certain nombre de choses à te dire depuis longtemps et la possibilité enfin.

Ils voudront t'expliquer mais ils t'expliqueront mal,
car ils ne te connaissent pas, ou mal.
Suzanne ne sait pas qui tu es,
ce n'est pas connaître, cela, c'est imaginer,
toujours elle imagine et ne sait rien de la réalité,
et lui, Antoine,
Antoine, c'est différent,
il te connaît mais à sa manière comme tout et tout le monde,

comme il connaît chaque chose ou comme il veut la connaître,
s'en faisant une idée et ne voulant plus en démordre.

Ils voudront t'expliquer
et il est probable qu'ils le feront
et maladroitement,
ce que je veux dire,
car ils auront peur du peu de temps que tu leur donnes,
du peu de temps que vous passerez ensemble
– moi non plus, je ne me fais pas d'illusion, moi aussi je me doute que tu ne vas pas traîner très longtemps auprès de nous, dans ce coin-ci.
Tu étais à peine arrivé,
je t'ai vu,
tu étais à peine arrivé tu pensais déjà que tu avais commis une erreur et tu aurais voulu aussitôt repartir,
ne me dis rien, ne me dis pas le contraire – ils auront peur
(c'est la peur, là aussi)
ils auront peur du peu de temps et ils s'y prendront maladroitement,
et cela sera mal dit ou dit trop vite,
d'une manière trop abrupte, ce qui revient au même,
et brutalement encore,
car ils sont brutaux, l'ont toujours été et ne cessent de le devenir,
et durs aussi,
c'est leur manière,
et tu ne comprendras pas, je sais comment cela se passera
et s'est toujours passé.
Tu répondras à peine deux ou trois mots

et tu resteras calme comme tu appris à l'être par toi-même
– ce n'est pas moi ou ton père,
ton père encore moins,
ce n'est pas nous qui t'avons appris cette façon si habile et détestable d'être paisible en toutes circonstances, je ne m'en souviens pas
ou je ne suis pas responsable –
tu répondras à peine deux ou trois mots,
ou tu souriras, la même chose,
tu leur souriras
et ils ne se souviendront, plus tard,
ensuite, par la suite,
le soir en s'endormant,
ils ne se souviendront que de ce sourire,
c'est la seule réponse qu'ils voudront garder de toi,
et c'est ce sourire qu'ils ressasseront et ressasseront encore,
rien ne sera changé, bien au contraire,
et ce sourire aura aggravé les choses entre vous,
ce sera comme la trace du mépris, la pire des plaies.

Elle, Suzanne, sera triste à cause de ces deux ou trois mots,
à cause de « ces juste deux ou trois mots » jetés en pâture,
ou à cause de ce sourire que j'ai dit,
et à cause de ce sourire,
ou de ces « juste deux ou trois mots »,
Antoine sera plus dur encore,
et plus brutal,
lorsqu'il devra parler de toi,
ou silencieux et refusant d'ouvrir la bouche,
ce qui sera plus mal encore.

Suzanne voudrait partir,
elle l'a déjà dit peut-être,
aller loin et vivre une autre vie
(ce qu'elle croit)
dans un autre monde, ces histoires-là.
Rien de bien différent, si on s'en souvient
(je m'en souviens)
rien de bien différent de toi, plus jeune qu'elle
et rien de moins grave encore.
Le même abandon.
Lui, Antoine, il voudrait plus de liberté, je ne sais pas,
le mot qu'il emploie lorsqu'il est en colère
– on ne croirait pas à le voir mais souvent il est un homme en colère –
il voudrait pouvoir vivre autrement avec sa femme et ses enfants
et ne plus rien devoir,
autre idée qui lui tient à cœur et qu'il répète,
ne plus rien devoir.
À qui, à quoi ? Je ne sais pas, c'est une phrase qu'il dit parfois, de temps à autre,
« ne plus rien devoir ».
Bon. Je l'écoute. Tout ça et rien de plus.

Et c'est à toi qu'ils veulent demander cela,
c'est à toi qu'ils semblent vouloir demander l'autorisation,
c'est une idée étrange
et tu te dis que tu ne comprends pas,
que tu ne leur dois rien
et qu'ils ne te doivent rien
et qu'ils peuvent faire ce qu'ils veulent de leur vie,
cela, d'une certaine manière

et ce n'est pas te faire injure,
cela t'est bien égal et ne te concerne pas.
Tu n'as peut-être pas tort,
il y a trop de temps passé (toute l'histoire vient de là),
tu ne voulus jamais être responsable et on ne saurait jamais t'y obliger.
(Tu te dis peut-être aussi, je ne sais pas,
je parle,
tu te dis peut-être aussi que je me trompe,
que j'invente,
et qu'ils n'ont rien à te dire
et que la journée se terminera ainsi comme elle a commencé,
sans nécessité, sans importance. Bien. Peut-être.)

Ce qu'ils veulent, ce qu'ils voudraient, c'est que tu les encourages peut-être
— est-ce qu'ils ne manquèrent pas toujours de ça, qu'on les encourage ? —
que tu les encourages, que tu les autorises ou que tu leur interdises de faire telle ou telle chose,
que tu leur dises,
que tu dises à Suzanne
— même si ce n'est pas vrai, un mensonge qu'est-ce que ça fait ? Juste une promesse qu'on fait en sachant par avance qu'on ne la tiendra pas —
que tu dises à Suzanne de venir, parfois,
deux ou trois fois l'an,
te rendre visite,
qu'elle pourra,
qu'elle pourrait te rendre visite, si l'envie lui vient,
si l'envie la prenait,

qu'elle pourrait aller là où tu vis maintenant
(nous ne savons pas où tu vis).
Qu'elle peut bouger et partir et revenir encore et que tu t'y intéresses,
non que tu paraisses t'y intéresser mais que tu t'y intéresses,
que tu t'en soucies.

Que tu lui donnes à lui,
Antoine,
le sentiment qu'il n'est plus responsable de nous,
d'elle ou de moi
– il ne l'a jamais été,
je sais cela mieux que quiconque,
mais il a toujours cru qu'il l'était,
il a toujours voulu le croire
et c'était toujours ainsi, toutes ces années,
il se voulait responsable de moi et responsable de Suzanne
et rien ne lui semble autant un devoir dans sa vie
et une douleur aussi et une sorte de crime pour voler un rôle qui n'est pas le sien –
que tu lui donnes le sentiment,
l'illusion,
que tu lui donnes l'illusion qu'il pourrait à son tour, à son heure, m'abandonner,
commettre une lâcheté comme celle-là
(à ses yeux, j'en suis certaine, c'en est une),
qu'il aurait le droit, qu'il en est capable.
Il ne le fera pas,
il se construira d'autres embûches
ou il se l'interdira pour des raisons plus secrètes encore

mais il aimerait tellement l'imaginer, oser l'imaginer.
C'est un garçon qui imagine si peu, cela me fait souffrir.

Ils voudraient tous les deux que tu sois plus là,
plus présent,
plus souvent présent,
qu'ils puissent te joindre, t'appeler,
se quereller avec toi et se réconcilier et perdre le respect,
ce fameux respect obligé pour les frères aînés,
absents ou étranges.
Tu serais un peu responsable
et ils deviendraient à leur tour,
ils en auraient le droit et pourraient en abuser,
ils deviendraient à leur tour enfin des tricheurs à part entière.

Petit sourire ?
Juste « ces deux ou trois mots » ?

Louis. – Non.
Juste le petit sourire. J'écoutais.

La Mère. – C'est ce que je dis.
Tu as quel âge,
quel âge est-ce que tu as, aujourd'hui ?

Louis. – Moi ?
Tu demandes ?
J'ai trente-quatre ans.

La Mère. – Trente-quatre années.

Pour moi aussi, cela fait trente-quatre années.
Je ne me rends pas compte :
c'est beaucoup de temps ?

Scène 9

La Mère. – C'est l'après-midi, toujours été ainsi :
le repas dure plus longtemps,
on n'a rien à faire, on étend ses jambes.

Catherine. – Vous voulez encore du café ?

Suzanne. – Tu vas le vouvoyer toute la vie, ils vont se vouvoyer toujours ?

Antoine. – Suzanne, ils font comme ils veulent !

Suzanne. – Mais merde, toi, à la fin !
Je ne te cause pas, je ne te parle pas, ce n'est pas à toi que je parle !
Il a fini de s'occuper de moi, comme ça, tout le temps,
tu ne vas pas t'occuper de moi tout le temps,
je ne te demande rien,
qu'est-ce que j'ai dit ?

Antoine. – Comment est-ce que tu me parles ?
Tu me parles comme ça,
jamais je ne t'ai entendue.
Elle veut avoir l'air,
c'est parce que Louis est là, c'est parce que tu es là,
tu es là et elle veut avoir l'air.

SUZANNE. – Qu'est-ce que ça a à voir avec Louis,
qu'est-ce que tu racontes ?
Ce n'est pas parce que Louis est là,
qu'est-ce que tu dis ?
Merde, merde et merde encore !
Compris ? Entendu ? Saisi ?
Et bras d'honneur si nécessaire ! Voilà, bras d'honneur !

LA MÈRE. – Suzanne !
Ne la laisse pas partir,
qu'est-ce que c'est que ces histoires ?
Tu devrais la rattraper !

ANTOINE. – Elle reviendra.

LOUIS. – Oui, je veux bien, un peu de café, je veux bien.

ANTOINE. – « Oui, je veux bien, un peu de café, je veux bien. »

CATHERINE. – Antoine !

ANTOINE. – Quoi ?

LOUIS. – Tu te payais ma tête, tu essayais.

ANTOINE. – Tous les mêmes, vous êtes tous les mêmes !
Suzanne !

CATHERINE. – Antoine ! Où est-ce que tu vas ?

La Mère. – Ils reviendront.
Ils reviennent toujours.

Je suis contente, je ne l'ai pas dit, je suis contente que nous soyons tous là, tous réunis.
Où est-ce que tu vas ?
Louis !

Catherine reste seule.

Scène 10

Louis. – Au début, ce que l'on croit
– j'ai cru cela –
ce qu'on croit toujours, je l'imagine,
c'est rassurant, c'est pour avoir moins peur,
on se répète à soi-même cette solution comme aux enfants qu'on endort,
ce qu'on croit un instant,
on l'espère,
c'est que le reste du monde disparaîtra avec soi,
que le reste du monde pourrait disparaître avec soi,
s'éteindre, s'engloutir et ne plus me survivre.
Tous partir avec moi et m'accompagner et ne plus jamais revenir.
Que je les emporte et que je ne sois pas seul.

Ensuite, mais c'est plus tard
– l'ironie est revenue, elle me rassure et me conduit à nouveau –
ensuite on songe, je songeai,

on songe à voir les autres, le reste du monde, après
la mort.
On les jugera.
On les imagine à la parade, on les regarde,
ils sont à nous maintenant, on les observe et on ne les
aime pas beaucoup,
les aimer trop rendrait triste et amer et ce ne doit pas
être la règle.
On les devine par avance,
on s'amuse, je m'amusais,
on les organise et on fait et refait l'ordre de leurs
vies.
On se voit aussi, allongé, les regardant des nuages,
je ne sais pas, comme dans les livres d'enfants, c'est
une idée que j'ai.
Que feront-ils de moi lorsque je ne serai plus là ?
On voudrait commander, régir, profiter médiocrement de leur désarroi et les mener encore un peu.
On voudrait les entendre, je ne les entends pas,
leur faire dire des bêtises définitives
et savoir enfin ce qu'ils pensent.
On pleure.
On est bien.
Je suis bien.

Parfois, c'est comme un sursaut,
parfois, je m'agrippe encore, je deviens haineux,
haineux et enragé,
je fais les comptes, je me souviens.
Je mords, il m'arrive de mordre.
Ce que j'avais pardonné je le reprends,
un noyé qui tuerait ses sauveteurs, je leur plonge la
tête dans la rivière,

je vous détruis sans regret avec férocité.
Je dis du mal.
Je suis dans mon lit, c'est la nuit, et parce que j'ai peur,
je ne saurais m'endormir,
je vomis la haine.
Elle m'apaise et m'épuise
et cet épuisement me laissera disparaître enfin.
Demain, je suis calme à nouveau, lent et pâle.
Je vous tue les uns après les autres, vous ne le savez pas
et je suis l'unique survivant,
je mourrai le dernier.
Je suis un meurtrier et les meurtriers ne meurent pas,
il faudra m'abattre.
Je pense du mal.
Je n'aime personne,
je ne vous ai jamais aimés, c'était des mensonges,
je n'aime personne et je suis solitaire,
et solitaire, je ne risque rien,
je décide de tout,
la Mort aussi, elle est ma décision
et mourir vous abîme et c'est vous abîmer que je veux.
Je meurs par dépit, je meurs par méchanceté et mesquinerie,
je me sacrifie.
Vous souffrirez plus longtemps et plus durement que moi
et je vous verrai, je vous devine, je vous regarderai
et je rirai de vous et haïrai vos douleurs.
Pourquoi la Mort devrait-elle me rendre bon ?
C'est une idée de vivant inquiet de mes possibles égarements.

Mauvais et médiocre, je n'ai plus que de minuscules craintes et infimes soucis,
rien de pire :
que ferez-vous de moi et de toutes ces choses qui m'appartenaient ?
Ce n'est pas beau mais ne pas être beau me laissera moins regrettable.

Plus tard encore,
c'est il y a quelques mois,
je me suis enfui.
Je visite le monde, je veux devenir voyageur, errer.
Tous les agonisants ont ces prétentions, se fracasser la tête contre les vitres de la chambre,
donner de grands coups d'aile imbéciles,
errer, perdu déjà et
croire disparaître,
courir devant la Mort,
prétendre la semer,
qu'elle ne puisse jamais m'atteindre ou qu'elle ne sache jamais où me retrouver.
Là où j'étais et fus toujours, je ne serai plus, je serai loin,
caché dans les grands espaces, dans un trou,
à me mentir et ricaner.
Je visite.
J'aime être dilettante, un jeune homme faussement fragile qui s'étiole et prend des poses.
Je suis un étranger. Je me protège. J'ai les mines de circonstance.
Il aurait fallu me voir, avec mon secret, dans la salle d'attente des aéroports, j'étais convaincant !

La Mort prochaine et moi,
nous faisons nos adieux,
nous nous promenons,
nous marchons la nuit dans les rues désertes légèrement embrumées et nous nous plaisons beaucoup.
Nous sommes élégants et désinvoltes,
nous sommes assez joliment mystérieux,
nous ne laissons rien deviner
et les réceptionnistes, la nuit, éprouvent du respect pour nous, nous pourrions les séduire.
Je ne faisais rien,
je faisais semblant,
j'éprouvais la nostalgie.
Je découvre des pays, je les aime littéraires, je lis des livres,
je revois quelques souvenirs,
je fais parfois de longs détours pour juste recommencer,
et d'autres jours,
sans que je sache ou comprenne,
il m'arrivait de vouloir tout éviter et ne plus reconnaître.
Je ne crois en rien.

Mais lorsqu'un soir,
sur le quai de la gare
(c'est une image assez convenue),
dans une chambre d'hôtel,
celui-là « Hôtel d'Angleterre, Neuchâtel, Suisse »
ou un autre, « Hôtel du Roi de Sicile », cela m'est bien égal,
ou dans la seconde salle à manger d'un restaurant plein de joyeux fêtards où je dînais seul dans l'indifférence et le bruit,

on vint doucement me tapoter l'épaule en me disant
avec un gentil sourire triste de gamin égaré :
« À quoi bon ? »
ce « à quoi bon »
rabatteur de la Mort
– elle m'avait enfin retrouvé sans m'avoir cherché –,
ce « à quoi bon » me ramena à la maison, m'y renvoya,
m'encourageant à revenir de mes dérisoires et vaines escapades
et m'ordonnant désormais de cesser de jouer.
Il est temps.

Je traverse à nouveau le paysage en sens inverse.
Chaque lieu, même le plus laid ou le plus idiot,
je veux noter que je le vois pour la dernière fois,
je prétends le retenir.
Je reviens et j'attends.
Je me tiendrai tranquille, maintenant, je promets,
je ne ferai plus d'histoires,
digne et silencieux, ces mots qu'on emploie.
Je perds. J'ai perdu.
Je range, je mets de l'ordre, je viens ici rendre visite,
je laisse les choses en l'état, j'essaie de terminer, de tirer des conclusions, d'être paisible.
Je ne gesticule plus et j'émets des sentences symboliques pleines de sous-entendus gratifiants.
Je me complais.
Rien ne me flatte autant, désormais, que ma propre angoisse.
Il m'arrivait aussi parfois,
« les derniers temps »,

de me sourire à moi-même comme pour une photographie à venir.
Vos doigts se la repassent en prenant garde de ne pas la salir
ou d'y laisser de coupables empreintes.
« Il était exactement ainsi »
et c'est tellement faux,
si vous réfléchissiez un instant vous pourriez l'admettre,
c'était tellement faux,
je faisais juste mine de.

Scène 11

LOUIS. – Je ne suis pas arrivé ce matin, j'ai voyagé cette nuit,
je suis parti hier soir et je voulais arriver plus tôt et j'ai renoncé en cours de route,
je me suis arrêté,
ce que je voulais dire,
et j'étais à la gare, ce matin,
dès trois ou quatre heures.
J'attendais le moment décent pour venir ici.

ANTOINE. – Pourquoi est-ce que tu me racontes ça ?
Pourquoi est-ce que tu me dis ça ?
Qu'est-ce que je dois répondre,
je dois répondre quelque chose ?

LOUIS. – Je ne sais pas, non,
je te dis ça, je voulais que tu le saches,
ce n'est pas important,

je te le dis parce que c'est vrai et je voulais te le dire.

ANTOINE. – Ne commence pas.

LOUIS. – Quoi ?

ANTOINE. – Tu sais. Ne commence pas,
tu voudras me raconter des histoires,
je vais me perdre,
je te vois assez bien, tu vas me raconter des histoires.
Tu étais à la gare, tu attendais,
et peu à peu, tu vas me noyer.
Bon.
Tu as voyagé cette nuit, c'était bien ? Comment est-ce que c'était ?

LOUIS. – Non, je disais cela, c'est sans importance.
Oui, c'était bien.
Je ne sais pas, un voyage assez banal, vous semblez toujours vouloir croire que j'habite à des milliers, centaines, milliers de kilomètres.
J'ai voyagé, c'est tout.
Je ne dis rien si tu ne veux rien dire.

ANTOINE. – Ce n'est pas le problème,
je n'ai rien dit, je t'écoute.
Tout de suite, aussitôt, je ne t'empêchais pas.
Oui ?
La gare ?

LOUIS. – Non, rien, rien qui vaille la peine,
rien d'essentiel,

je disais cela, je pensais que peut-être tu aurais été heureux,
bon,
pas heureux, content,
je pensais que tu aurais pu être content que je te le dise,
ou de le savoir, heureux de le savoir.
J'étais au buffet de la gare,
je ne sais pas à quelle heure je suis arrivé, vers quatre heures peut-être,
j'étais au buffet et j'attendais, j'étais là, je n'allais pas venir directement ici,
manquer si longtemps et débarquer ainsi à l'improviste,
non, elles auraient pu avoir peur,
ou encore elles ne m'auraient pas ouvert
– j'imagine assez Suzanne, là, comme je la vois, je la découvre, j'imagine assez Suzanne me recevant avec une carabine –
non,
j'attendais et je me suis dit,
j'y pensais et c'est pour ça que j'en ai parlé,
ce sont des idées qui traversent la tête et on se dit plus tard qu'on devra les répéter (des recommandations qu'on se fait),
je me suis dit,
je me suis fait la recommandation donc de te le dire plus tard lorsque je te verrais,
et aussi oui, de ne le dire qu'à toi, surtout, c'est bien le but, leur cacher car elles pourraient être fâchées,
je me suis dit que je te dirais que j'étais arrivé beaucoup plus tôt et que j'avais traîné un peu.

ANTOINE. – C'est cela,
c'est exactement cela, ce que je disais,
les histoires,
et après on se noie
et moi,
il faut que j'écoute et je ne saurai jamais ce qui est vrai
et ce qui est faux,
la part du mensonge.
Tu es comme ça,
s'il y a bien une chose
(non, ce n'est pas la seule !),
s'il y a bien une chose que je n'ai pas oubliée en songeant à toi,
c'est tout cela, ces histoires pour rien,
des histoires, je ne comprends rien.

Tu ne disais rien.
Tu buvais ton café, tu devais boire un café
et tu avais mal au ventre parce que tu ne fumes pas et
que les endroits comme celui-là, tôt le matin,
je le sais mieux que toi,
les endroits comme celui-là puent la fumée et donnent envie de dégueuler,
avec la fumée qui te descend dessus et te donne mal à la tête et aux yeux.
Tu lisais le journal,
tu dois être devenu ce genre d'hommes qui lisent les journaux, des journaux que je ne lis jamais
– parfois, assis en face de moi, je vois des hommes qui lisent ces journaux et je pense à toi et je me dis, voilà les journaux que doit lire mon frère, il doit ressembler à ces hommes-là, et j'essaie de lire à l'envers et puis

aussitôt j'abandonne et je m'en fiche, je fais comme je veux ! –
tu essayais de lire le journal
parce que, le dimanche matin, au buffet de la gare,
tu as tous les gosses qui sont allés faire la fête
et ils font du bruit et ils continuent à s'amuser
et toi, dans ton coin,
tu ne peux même pas lire, te concentrer sur ta lecture
et la fumée des cigarettes te donne juste envie de repartir,
c'est à cela que tu penses, point.
Tu regrettais,
tu regrettes d'avoir fait ce voyage-là,
tu ne regrettes pas, tu ne sais pas pourquoi tu es venu,
tu n'en connais pas la raison.
Moi non plus, je ne sais pas pourquoi tu es venu
et personne ne comprend,
et tu veux regretter qu'on ne sache pas,
parce que si nous savions, si je savais,
les choses te seraient plus faciles, moins longues
et tu serais déjà débarrassé de cette corvée.

Tu es venu parce que tu l'as décidé,
cela t'a pris un jour,
l'idée, juste une idée.
Comment est-ce que tu as dit ?
Une « recommandation » que tu t'es fait, faite ? merde,
ou encore, depuis de nombreuses années,
est-ce que je sais, comment est-ce que je pourrais savoir ?
peut-être depuis le premier jour,
à peine parti, dans le train, ou dès le lendemain, aussitôt

– toujours été comme ça à regretter tout et son contraire –
depuis de nombreuses années maintenant, tu te disais,
tu ne cessais de te le répéter,
tu te disais que tu devrais bien un jour revenir nous rendre visite,
nous voir, nous revoir,
et là, subitement, tu t'es décidé, je ne sais pas.
Tu crois que c'est important pour moi ?
Tu te trompes, ce n'est pas important pour moi, cela ne peut plus l'être.

Tu ne te disais rien, je sais, je te vois.
Tu ne te disais rien,
tu ne pensais pas que tu me dirais quelque chose,
que tu me dirais quoi que ce soit,
ce sont des sottises, tu inventes.
C'est là, à l'instant,
tu m'as vu,
et tu as inventé tout ça pour me parler.
Tu ne te disais rien parce que tu ne me connais pas,
tu crois me connaître mais tu ne me connais pas,
tu me connaîtrais parce que je suis ton frère ?
Ce sont aussi des sottises,
tu ne me connais plus, il y a longtemps que tu ne me connais plus,
tu ne sais pas qui je suis,
tu ne l'as jamais su,
ce n'est pas de ta faute et ce n'est pas de la mienne non plus, moi non plus, je ne te connais pas
(mais moi, je ne prétends rien),
on ne se connaît pas
et on ne s'imagine pas qu'on dira telle ou telle chose à quelqu'un qu'on ne connaît pas.

Ce qu'on veut dire à quelqu'un qu'on imagine,
on l'imagine aussi,
des histoires et rien d'autre.

Ce que tu veux, ce que tu voulais,
tu m'as vu et tu ne sais pas comment m'attraper,
« comment me prendre »
– vous dites toujours ça, « on ne sait pas comment le prendre »
et aussi, je vous entends, « il faut savoir le prendre »,
comme on le dit d'un homme méchant et brutal –
tu voulais m'attraper et tu as jeté ça,
tu entames la conversation, tu sais bien faire,
c'est une méthode, c'est juste une technique pour noyer et tuer les animaux,
mais moi, je ne veux pas,
je n'ai pas envie.
Pourquoi tu es là, je ne veux pas le savoir,
tu as le droit, c'est tout et rien de plus,
et ne pas être là, tu as le droit également,
c'est pareil pour moi.
Ici, d'une certaine manière, c'est chez toi et tu peux y être chaque fois que tu le souhaites et encore, tu peux en partir,
toujours le droit,
cela ne me concerne pas.
Tout n'est pas exceptionnel dans ta vie,
dans ta petite vie,
c'est une petite vie aussi, je ne dois pas avoir peur de ça,
tout n'est pas exceptionnel,
tu peux essayer de rendre tout exceptionnel
mais tout ne l'est pas.

Louis. – Où est-ce que tu vas ?

Antoine. – Je ne veux pas être là.
Tu vas me parler maintenant,
tu voudras me parler
et il faudra que j'écoute
et je n'ai pas envie d'écouter.
Je ne veux pas. J'ai peur.
Il faut toujours que vous me racontiez tout,
toujours, tout le temps,
depuis toujours vous me parlez et je dois écouter.
Les gens qui ne disent jamais rien, on croit juste qu'ils veulent entendre,
mais souvent, tu ne sais pas,
je me taisais pour donner l'exemple.

Catherine !

INTERMÈDE

Scène 1

Louis. – C'est comme la nuit en pleine journée, on ne voit rien, j'entends juste les bruits, j'écoute, je suis perdu et je ne retrouve personne.

La Mère. – Qu'est-ce que tu as dit ?
Je n'ai pas entendu, répète,
où est-ce que tu es ?
Louis !

Scène 2

Suzanne. – Toi et moi.

Antoine. – Ce que tu veux.

Suzanne. – Je t'entendais, tu criais,
non, j'ai cru que tu criais,
je croyais t'entendre,
je te cherchais,
vous vous disputiez, vous vous êtes retrouvés.

ANTOINE. – Je me suis énervé, on s'est énervés,
je ne pensais pas qu'il serait ainsi,
mais « à l'ordinaire », les autres jours,
nous ne sommes pas comme ça,
nous n'étions pas comme ça, je ne crois pas.

SUZANNE. – Pas toujours comme ça.
Les autres jours, nous allons chacun de notre côté,
on ne se touche pas.

ANTOINE. – Nous nous entendons.

SUZANNE. – C'est l'amour.

Scène 3

LOUIS. – Et ensuite, dans mon rêve encore,
toutes les pièces de la maison étaient loin les unes des autres,
et jamais je ne pouvais les atteindre,
il fallait marcher pendant des heures et je ne reconnaissais rien.

VOIX DE LA MÈRE. – Louis !

LOUIS. – Et pour ne pas avoir peur, comme lorsque je marche dans la nuit, je suis enfant,
et il faut maintenant que je revienne très vite,
je me répète cela,
ou bien plutôt je me le chantonne pour entendre juste le son de ma voix,
et plus rien que cela,
je me chantonne que désormais,

la pire des choses,
« je le sais bien,
la pire des choses,
serait que je sois amoureux,
la pire des choses,
que je veuille attendre un peu,
la pire des choses... »

Scène 4

SUZANNE. – Ce que je ne comprends pas.

ANTOINE. – Moi non plus.

SUZANNE. – Tu ris ? Je ne te vois jamais rire.

ANTOINE. – Ce que nous ne comprenons pas.

VOIX DE CATHERINE. – Antoine !

SUZANNE, *criant*. – Oui ?
Ce que je ne comprends pas et n'ai jamais compris

ANTOINE. – Et peu probable que je comprenne jamais

SUZANNE. – Que je ne comprenne jamais.

VOIX DE LA MÈRE. – Louis !

SUZANNE, *criant*. – Oui ? On est là !

ANTOINE. – Ce que tu ne comprends pas...

SUZANNE. – Ce n'était pas si loin, il aurait pu venir nous voir plus souvent,
et rien de bien tragique non plus,
pas de drames, des trahisons,
cela que je ne comprends pas,
ou ne peux pas comprendre.

ANTOINE. – « Comme ça. »
Pas d'autre explication, rien de plus.
Toujours été ainsi, désirable,
je ne sais pas si on peut dire ça,
désirable et lointain,
distant, rien qui se prête mieux à la situation.
Parti et n'ayant jamais éprouvé le besoin ou la simple nécessité.

Scène 5

CATHERINE. – Où est-ce qu'ils sont ?

LOUIS. – Qui ?

CATHERINE. – Eux, les autres.
Je n'entends plus personne,
vous vous disputiez, Antoine et vous,
je ne me trompe pas,
on entendait Antoine s'énerver
et c'est maintenant comme si tout le monde était parti
et que nous soyons perdus.

LOUIS. – Je ne sais pas. Ils doivent être par là.

Catherine. – Où est-ce que vous allez ?
Antoine !

Voix de Suzanne. – Oui ?

Scène 6

Suzanne. – Et que je sois malheureuse ?
Que je puisse être triste et malheureuse ?

Antoine. – Mais tu ne l'es pas et ne l'as jamais été.
C'est lui, l'Homme malheureux,
celui-là qui ne te voyait plus pendant toutes ces années.
Tu crois aujourd'hui que tu étais malheureuse
mais vous êtes semblables,
lui et toi,
et moi aussi je suis comme vous,
tu as seulement décidé que tu l'étais, que tu devais l'être
et tu as voulu le croire.
Tu voulais être malheureuse parce qu'il était loin,
mais ce n'est pas la raison, ce n'est pas une bonne raison,
tu ne peux le rendre responsable,
pas une raison du tout,
c'est juste un arrangement.

Scène 7

LA MÈRE. – Je vous cherchais.

CATHERINE. – Je n'ai pas bougé, je ne vous avais pas entendue.

LA MÈRE. – C'était Louis, j'écoutais, c'était Louis ?

CATHERINE. – Il est parti par là.

LA MÈRE. – Louis !

VOIX DE SUZANNE. – Oui ? On est là !

Scène 8

SUZANNE. – Pourquoi est-ce que tu ne réponds jamais quand on t'appelle ?
Elle t'a appelé, Catherine t'a appelé, et parfois, nous aussi,
nous aussi nous t'appelons,
mais tu ne réponds jamais
et alors il faut te chercher, on doit te chercher.

ANTOINE. – Vous me retrouvez toujours,
jamais perdu bien longtemps,
n'ai pas le souvenir que vous m'ayez jamais,
« au bout du compte »,
que vous m'ayez jamais, définitivement, perdu.
Juste là, tout près, on peut me mettre la main dessus.

SUZANNE. – Tu peux essayer de me rendre plus triste encore,
ou mauvaise, ce qui revient au même,
cela ne marche pas.
Toi aussi, tu as de petits arrangements,
je les connais, tu crois que je ne les connais pas ?

ANTOINE. – Ce que je disais :
« retrouvé ».

SUZANNE. – Quoi ?
Je n'ai pas compris, c'est malin, ce que tu as dit, qu'est-ce que tu as dit ?
Reviens !

ANTOINE. – Ta gueule, Suzanne !

Elle rit, là, toute seule.

Scène 9

LA MÈRE. – Louis.
Tu ne m'entendais pas ? J'appelais.

LOUIS. – J'étais là. Qu'est-ce qu'il y a ?

LA MÈRE. – Je ne sais pas.
Ce n'est rien, je croyais que tu étais parti.

DEUXIÈME PARTIE

Scène 1

Louis. – Et plus tard, vers la fin de la journée,
c'est exactement ainsi,
lorsque j'y réfléchis,
que j'avais imaginé les choses,
vers la fin de la journée,
sans avoir rien dit de ce qui me tenait à cœur
– c'est juste une idée mais elle n'est pas jouable –
sans avoir jamais osé faire tout ce mal,
je repris la route,
je demandai qu'on m'accompagne à la gare,
qu'on me laisse partir.

Je promets qu'il n'y aura plus tout ce temps
avant que je revienne,
je dis des mensonges,
je promets d'être là, à nouveau, très bientôt,
des phrases comme ça.

Les semaines, les mois peut-être,
qui suivent,
je téléphone, je donne des nouvelles,
j'écoute ce qu'on me radonte, je fais quelques efforts,

j'ai l'amour plein de bonne volonté,
mais c'était juste la dernière fois,
ce que je me dis sans le laisser voir.

Elle, elle me caresse une seule fois la joue,
doucement, comme pour m'expliquer qu'elle me pardonne je ne sais quels crimes,
et ces crimes que je ne me connais pas, je les regrette,
j'en éprouve du remords.

Antoine est sur le pas de la porte,
il agite les clefs de sa voiture,
il dit plusieurs fois qu'il ne veut en aucun cas me presser,
qu'il ne souhaite pas que je parte,
que jamais il ne me chasse,
mais qu'il est l'heure du départ,
et bien que tout cela soit vrai,
il semble vouloir me faire déguerpir, c'est l'image qu'il donne,
c'est l'idée que j'emporte.
Il ne me retient pas,
et sans le lui dire, j'ose l'en accuser.

C'est de cela que je me venge.
(Un jour, je me suis accordé tous les droits.)

Scène 2

ANTOINE. – Je vais l'accompagner,
je t'accompagne,
ce que nous pouvons faire, ce qu'on pourrait faire,

voilà qui serait pratique,
ce qu'on peut faire, c'est te conduire,
t'accompagner en rentrant à la maison,
c'est sur la route, sur le chemin, cela fait faire à peine un léger détour,
et nous t'accompagnons, on te dépose.

Suzanne. – Moi, je peux aussi bien,
vous restez là, nous dînons tous ensemble,
je le conduis, c'est moi qui le conduis,
et je reviens aussitôt.
Mieux encore,
mais on ne m'écoute jamais,
et tout est décidé,
mieux encore, il dîne avec nous,
tu peux dîner avec nous
– je sais pas pourquoi je me fatigue –

et il prend un autre train,
qu'est-ce que cela fait ?
Mieux encore,
je vois que cela ne sert à rien...

Dis quelque chose.

La Mère. – Ils font comme ils l'entendent.

Louis. – Mieux encore, je dors ici, je passe la nuit, je ne pars que demain,
mieux encore, je déjeune demain à la maison,
mieux encore, je ne travaille plus jamais,
je renonce à tout,
j'épouse ma sœur, nous vivons très heureux.

ANTOINE. – Suzanne, j'ai dit que je l'accompagnais,
elle est impossible,
tout est réglé mais elle veut à nouveau tout changer,
tu es impossible,
il veut partir ce soir et toi tu répètes toujours les mêmes choses,
il veut partir, il part,
je l'accompagne, on le dépose, c'est sur notre route,
cela ne nous gênera pas.

LOUIS. – Cela joint l'utile à l'agréable.

ANTOINE. – C'est cela, voilà, exactement,
comment est-ce qu'on dit ?
« d'une pierre deux coups ».

SUZANNE. – Ce que tu peux être désagréable,
je ne comprends pas ça,
tu es désagréable, tu vois comme tu lui parles,
tu es désagréable, ce n'est pas imaginable.

ANTOINE. – Moi ?
C'est de moi ?
Je suis désagréable ?

SUZANNE. – Tu ne te rends même pas compte,
tu es désagréable, c'est invraisemblable,
tu ne t'entends pas, tu t'entendrais...

ANTOINE. – Qu'est-ce que c'est encore que ça ?
Elle est impossible aujourd'hui, ce que je disais,
je ne sais pas ce qu'elle a après moi,
je ne sais pas ce que tu as après moi,
tu es différente.

Si c'est Louis, la présence de Louis,
je ne sais pas, j'essaie de comprendre,
si c'est Louis,
Catherine, je ne sais pas,
je ne disais rien,
peut-être que j'ai cessé tout à fait de comprendre,
Catherine, aide-moi,
je ne disais rien,
on règle le départ de Louis,
il veut partir,
je l'accompagne, je dis qu'on l'accompagne, je n'ai rien dit de plus,
qu'est-ce que j'ai dit de plus ?
Je n'ai rien dit de désagréable,
pourquoi est-ce que je dirais quelque chose de désagréable,
qu'est-ce qu'il y a de désagréable à cela,
y a-t-il quelque chose de désagréable à ce que je dis ?
Louis ! Ce que tu en penses,
j'ai dit quelque chose de désagréable ?

Ne me regardez pas tous comme ça !

CATHERINE. – Elle ne te dit rien de mal,
tu es un peu brutal, on ne peut rien te dire,
tu ne te rends pas compte,
parfois tu es un peu brutal,
elle voulait juste te faire remarquer.

ANTOINE. – Je suis un peu brutal ?
Pourquoi tu dis ça ?
Non.
Je ne suis pas brutal.
Vous êtes terribles, tous, avec moi.

Louis. – Non, il n'a pas été brutal, je ne comprends pas ce que vous voulez dire.

Antoine. – Oh, toi, ça va, « la Bonté même » !

Catherine. – Antoine.

Antoine. – Je n'ai rien, ne me touche pas !
Faites comme vous voulez, je ne voulais rien de mal,
je ne voulais rien faire de mal,
il faut toujours que je fasse mal,
je disais seulement,
cela me semblait bien, ce que je voulais juste dire
– toi, non plus, ne me touche pas ! –
je n'ai rien dit de mal,
je disais juste qu'on pouvait l'accompagner, et là, maintenant,
vous en êtes à me regarder comme une bête curieuse,
il n'y avait rien de mauvais dans ce que j'ai dit, ce n'est pas bien, ce n'est pas juste, ce n'est pas bien d'oser penser cela,

arrêtez tout le temps de me prendre pour un imbécile !
il fait comme il veut, je ne veux plus rien,
je voulais rendre service, mais je me suis trompé,
il dit qu'il veut partir et cela va être de ma faute,
cela va encore être de ma faute,
ce ne peut pas toujours être comme ça,
ce n'est pas une chose juste,
vous ne pouvez pas toujours avoir raison contre moi,
cela ne se peut pas,

je disais seulement,
je voulais seulement dire
et ce n'était pas en pensant mal,
je disais seulement,
je voulais seulement dire...

Louis. – Ne pleure pas.

Antoine. – Tu me touches : je te tue.

La Mère. – Laisse-le, Louis,
laisse-le maintenant.

Catherine. – Je voudrais que vous partiez.
Je vous prie de m'excuser, je ne vous veux aucun mal,
mais vous devriez partir.

Louis. – Je crois aussi.

Suzanne. – Antoine, regarde-moi, Antoine,
je ne te voulais rien.

Antoine. – Je n'ai rien, je suis désolé,
je suis fatigué, je ne sais plus pourquoi, je suis toujours fatigué,
depuis longtemps, je pense ça, je suis devenu un homme fatigué,
ce n'est pas le travail,
lorsqu'on est fatigué, on croit que c'est le travail, ou les soucis, l'argent, je ne sais pas,
non,
je suis fatigué, je ne sais pas dire,
aujourd'hui, je n'ai jamais été autant fatigué de ma vie.

Je ne voulais pas être méchant,
comment est-ce que tu as dit ?
« brutal », je ne voulais pas être brutal,
je ne suis pas un homme brutal, ce n'est pas vrai, c'est vous qui imaginez cela, vous ne me regardez pas, vous dites que je suis brutal, mais je ne le suis pas et ne l'ai jamais été,

tu as dit ça et c'était soudain comme si avec toi et avec tout le monde,
ça va maintenant, je suis désolé mais ça va maintenant,

c'était soudain comme si avec toi,
à ton égard,
et avec tout le monde,
avec Suzanne aussi
et encore avec les enfants, j'étais brutal, comme si on m'accusait d'être un homme mauvais
mais ce n'est pas une chose juste,
ce n'est pas exact.
Lorsqu'on était plus jeunes, lui et moi,
Louis, tu dois t'en souvenir,
lui et moi, elle l'a dit, on se battait toujours
et toujours c'est moi qui gagnais, toujours, parce que je suis plus fort, parce que j'étais plus costaud que lui, peut-être, je ne sais pas,
ou parce que celui-là,
et c'est sûrement plus juste (j'y pense juste à l'instant,
ça me vient en tête)
parce que celui-là se laissait battre, perdait en faisant exprès et se donnait le beau rôle,
je ne sais pas,

aujourd'hui cela m'est bien égal,
mais je n'étais pas brutal, là non plus je ne l'étais pas,
je devais juste me défendre,
tout ça, c'est juste pour me défendre.
On ne peut pas m'accuser.

Ne lui dis pas de partir, il fait comme il veut, c'est chez lui aussi,
il a le droit, ne lui dis rien.

Je vais bien.

Suzanne et moi,
ce n'est pas malin
(ça me fait rire, ris avec moi, ça me fait rire,
ne reste pas comme ça,
Suzanne ?
Je n'allais pas le cogner, tu n'as pas à avoir peur, c'est fini)
ce n'est pas malin, Suzanne et moi, nous devrions être toujours ensemble,
on ne devrait jamais se lâcher,
serrer les coudes, comment est-ce qu'on dit ?
s'épauler,
on n'est pas trop de deux contre celui-là, tu n'as pas l'air de te rendre compte,
il faut être au moins deux contre celui-là,
je dis ça et ça me fait rire.
Toute la journée d'aujourd'hui, tu t'es mise avec lui,
tu ne le connais pas,
il n'est pas mauvais, non
ce n'est pas ce que je dis,
mais tu as tout de même tort,

car il n'est pas totalement bon, non plus, tu te trompes
et ce n'est pas malin,
voilà, c'est ça, ce n'est pas malin,
bêtement, de faire front contre moi.

La Mère. – Personne n'est contre toi.

Antoine. – Oui. Sûrement. C'est possible.

Scène 3

Suzanne. – Et puis encore, un peu plus tard.

La Mère. – Nous ne bougeons presque plus,
nous sommes toutes les trois, comme absentes,
on les regarde, on se tait.

Antoine. – Tu dis qu'on ne t'aime pas,
je t'entends dire ça, toujours je t'ai entendu,
je ne garde pas l'idée, à aucun moment de ma vie,
que tu n'aies pas dit ça,
à un moment ou un autre,
aussi loin que je puisse remonter en arrière, je ne
garde pas la trace que tu n'aies fini par dire
– c'est ta manière de conclure si tu es attaqué –
je ne garde pas la trace que tu n'aies fini par dire
qu'on ne t'aime pas,
qu'on ne t'aimait pas,
que personne, jamais, ne t'aima.
et que c'est de cela que tu souffres.
Tu es enfant, je te l'entends dire
et je pense, je ne sais pas pourquoi, sans que je puisse
l'expliquer,

sans que je comprenne vraiment,
je pense,
et pourtant je n'en ai pas la preuve

– ce que je veux dire et tu ne pourrais le nier si tu voulais te souvenir avec moi,
ce que je veux te dire,
tu ne manquais de rien et tu ne subissais rien de ce qu'on appelle le malheur.
Même l'injustice de la laideur ou de la disgrâce et les humiliations qu'elles apportent,
tu ne les as pas connues et tu en fus protégé –

je pense,
je pensais,
que peut-être, sans que je comprenne donc
(comme une chose qui me dépassait),
que peut-être, tu n'avais pas tort,
et que en effet, les autres, les parents, moi, le reste du monde,
nous n'étions pas bons avec toi
et nous te faisions du mal.
Tu me persuadais,
j'étais convaincu que tu manquais d'amour.
Je te croyais et je te plaignais,
et cette peur que j'éprouvais
– c'est bien, là encore, de la peur qu'il est question –
cette peur que j'avais que personne ne t'aime jamais,
cette peur me rendait malheureux à mon tour,
comme toujours les plus jeunes frères se croient obligés de l'être par imitation et inquiétude,
malheureux à mon tour,
mais coupable encore,

coupable aussi de ne pas être assez malheureux,
de ne l'être qu'en me forçant,
coupable de n'y pas croire en silence.

Parfois, eux et moi,
et eux tous les deux, les parents, ils en parlaient et devant moi encore,
comme on ose évoquer un secret dont on devait me rendre également responsable.
Nous pensions,
et beaucoup de gens, je pense cela aujourd'hui, beaucoup de gens, des hommes et des femmes,
ceux-là avec qui tu dois vivre depuis que tu nous as quittés,
beaucoup de gens doivent assurément le penser aussi,
nous pensions que tu n'avais pas tort,
que pour le répéter si souvent, pour le crier tellement comme on crie les insultes, ce devait être juste,
nous pensions que en effet, nous ne t'aimions pas assez,
ou du moins,
que nous ne savions pas te le dire
(et ne pas te le dire, cela revient au même, ne pas te dire assez que nous t'aimions, ce doit être comme ne pas t'aimer assez).
On ne se le disait pas si facilement,
rien jamais ici ne se dit facilement,
non,
on ne se l'avouait pas,
mais à certains mots, certains gestes, les plus discrets,
les moins remarquables,

à certaines prévenances
– encore une autre expression qui te fera sourire, mais je n'ai plus rien à faire maintenant d'être ridicule, tu ne peux pas l'imaginer –
à certaines prévenances à ton égard,
nous nous donnions l'ordre, manière de dire,
de prendre plus souvent et mieux encore soin de toi, garde à toi,
et de nous encourager les uns les autres à te donner la preuve
que nous t'aimions plus que jamais tu ne sauras t'en rendre compte.

Je cédais.
Je devais céder.
Toujours, j'ai dû céder.
Aujourd'hui, ce n'est rien, ce n'était rien, ce sont des choses infimes
et moi non plus je ne pourrais pas prétendre à mon tour, voilà qui serait plaisant,
à un malheur insurmontable,
mais je garde cela surtout en mémoire :
je cédais, je t'abandonnais des parts entières, je devais me montrer, le mot qu'on me répète,
je devais me montrer « raisonnable ».
Je devais faire moins de bruit, te laisser la place, ne pas te contrarier
et jouir du spectacle apaisant enfin de ta survie légèrement prolongée.

Nous nous surveillions,
on se surveillait, nous nous rendions responsables de ce malheur soi-disant.

Parce que tout ton malheur ne fut jamais qu'un malheur soi-disant,
tu le sais comme moi je le sais,
et celles-là le savent aussi,
et tout le monde aujourd'hui voit ce jeu clairement
(ceux avec qui tu vis, les hommes, les femmes, tu ne me feras pas croire le contraire,
ont dû découvrir la supercherie, je suis certain de ne pas me tromper),
tout ton soi-disant malheur n'est qu'une façon que tu as, que tu as toujours eue et que tu auras toujours,
– car tu le voudrais, tu ne saurais plus t'en défaire, tu es pris à ce rôle –
que tu as et que tu as toujours eue de tricher,
de te protéger et de fuir.

Rien en toi n'est jamais atteint,
il fallait des années peut-être pour que je le sache,
mais rien en toi n'est jamais atteint,
tu n'as pas mal
– si tu avais mal, tu ne le dirais pas, j'ai appris cela à mon tour –
et tout ton malheur n'est qu'une façon de répondre,
une façon que tu as de répondre,
d'être là devant les autres et de ne pas les laisser entrer.
C'est ta manière à toi, ton allure,
le malheur sur le visage comme d'autres un air de crétinerie satisfaite,
tu as choisi ça et cela t'a servi et tu l'as conservé.

Et nous, nous nous sommes fait du mal à notre tour,
chacun n'avait rien à se reprocher

et ce ne pouvait être que les autres qui te nuisaient et nous rendaient responsables tous ensemble,
moi, eux,
et peu à peu, c'était de ma faute, ce ne pouvait être que de ma faute.
On devait m'aimer trop puisque on ne t'aimait pas assez et on voulut me reprendre alors ce qu'on ne me donnait pas,
et ne me donna plus rien,
et j'étais là, couvert de bonté sans intérêt à ne jamais devoir me plaindre,
à sourire, à jouer,
à être satisfait, comblé,
tiens, le mot, comblé,
alors que toi, toujours, inexplicablement, tu suais le malheur
dont rien ni personne, malgré tous ces efforts, n'aurait su te distraire et te sauver.

Et lorsque tu es parti, lorsque tu nous as quittés, lorsque tu nous abandonnas,
je ne sais plus quel mot définitif tu nous jetas à la tête,
je dus encore être le responsable,
être silencieux et admettre la fatalité, et te plaindre aussi,
m'inquiéter de toi à distance
et ne plus jamais oser dire un mot contre toi, ne plus jamais même oser penser un mot contre toi,
rester là, comme un benêt, à t'attendre.

Moi, je suis la personne la plus heureuse de la terre,
et il ne m'arrive jamais rien,

et m'arrive-t-il quelque chose que je ne peux me
plaindre,
puisque, « à l'ordinaire »,
il ne m'arrive jamais rien.
Ce n'est pas pour une seule fois,
une seule petite fois,
que je peux lâchement en profiter.
Et les petites fois, elles furent nombreuses, ces petites
fois où j'aurais pu me coucher par terre et ne plus
jamais bouger,
où j'aurais voulu rester dans le noir sans plus jamais
répondre,
ces petites fois, je les ai accumulées et j'en ai des
centaines dans la tête,
et toujours ce n'était rien, au bout du compte,
qu'est-ce que c'était ?
je ne pouvais pas en faire état,
je ne saurais pas les dire
et je ne peux rien réclamer,
c'est comme si il ne m'était rien arrivé, jamais.
Et c'est vrai, il ne m'est jamais rien arrivé et je ne
peux prétendre.

Tu es là, devant moi,
je savais que tu serais ainsi, à m'accuser sans mot,
à te mettre debout devant moi pour m'accuser sans
mot,
et je te plains, et j'ai de la pitié pour toi, c'est un vieux
mot, mais j'ai de la pitié pour toi,
et de la peur aussi, et de l'inquiétude,
et malgré toute cette colère, j'espère qu'il ne t'arrive
rien de mal,
et je me reproche déjà

(tu n'es pas encore parti)
le mal aujourd'hui que je te fais.

Tu es là,
tu m'accables, on ne peut plus dire ça,
tu m'accables,
tu nous accables,
je te vois, j'ai encore plus peur pour toi que lorsque j'étais enfant,
et je me dis que je ne peux rien reprocher à ma propre existence,
qu'elle est paisible et douce
et que je suis un mauvais imbécile qui se reproche déjà d'avoir failli se lamenter,
alors que toi,
silencieux, ô tellement silencieux,
bon, plein de bonté,
tu attends, replié sur ton infinie douleur intérieure dont je ne saurais pas même imaginer le début du début.
Je ne suis rien,
je n'ai pas le droit,
et lorsque tu nous quitteras encore, que tu me laisseras,
je serai moins encore,
juste là à me reprocher les phrases que j'ai dites,
à chercher à les retrouver avec exactitude,
moins encore,
avec juste le ressentiment,
le ressentiment contre moi-même.

Louis ?

LOUIS. – Oui ?

Antoine. – J'ai fini.
Je ne dirai plus rien.
Seuls les imbéciles ou ceux-là, saisis par la peur, auraient pu en rire.

Louis. – Je ne les ai pas entendus.

ÉPILOGUE

LOUIS. – Après, ce que je fais,
je pars.
Je ne reviens plus jamais. Je meurs quelques mois plus tard,
une année tout au plus.

Une chose dont je me souviens et que je raconte encore
(après j'en aurai fini) :
c'est l'été, c'est pendant ces années où je suis absent,
c'est dans le Sud de la France.
Parce que je me suis perdu, la nuit, dans la montagne,
je décide de marcher le long de la voie ferrée.
Elle m'évitera les méandres de la route, le chemin sera plus court et je sais qu'elle passe près de la maison où je vis.
La nuit, aucun train n'y circule, je n'y risque rien
et c'est ainsi que je me retrouverai.
À un moment, je suis à l'entrée d'un viaduc immense,
il domine la vallée que je devine sous la lune,

et je marche seul dans la nuit,
   à égale distance du ciel et de la terre.
Ce que je pense
   (et c'est cela que je voulais dire)
   c'est que je devrais pousser un grand et beau cri,
   un long et joyeux cri qui résonnerait dans toute la vallée,
que c'est ce bonheur-là que je devrais m'offrir,
   hurler une bonne fois,
   mais je ne le fais pas,
   je ne l'ai pas fait.
   Je me remets en route avec seul le bruit de mes pas sur le gravier.

Ce sont des oublis comme celui-là que je regretterai.

Juillet 1990
Berlin.

ANNEXES

SUR LA PIÈCE

Chronologie

1988. Premier synopsis sous le titre *Les Adieux*. Titre que Jean-Luc Lagarce donnera plus tard à son roman initialement appelé *Mes deux dernières années*. Le projet théâtral deviendra, lui, *Quelques éclaircies*.

1990. En résidence à Berlin dans le cadre d'une bourse d'écriture « Villa Médicis hors les murs », il achève la pièce et lui donne son titre définitif : *Juste la fin du monde*.

1991. La pièce ne trouve aucun écho. Jean-Luc Lagarce décide de ne pas la retravailler. « Au retour d'Allemagne et après la mort de G., c'était terminé, je n'écrivais plus, j'étais tombé. J'ai écrit une pièce et j'ai travaillé sur un scénario avec une autre personne mais ce n'était pas écrire, c'était faire un travail[1]. »

1993. Soirée autour de la pièce à la bibliothèque du Centre Pompidou-Beaubourg, organisée par Théâtre Ouvert. Lecture d'extraits par Olivier Py.

1995. Décès de Jean-Luc Lagarce.

---
1. « Comment j'écris », in *Du luxe et de l'impuissance*, p. 38.

1997. Joël Jouanneau qui souhaitait monter *Le Pays lointain*, mais avec des coupes pour des raisons de production, lit *Juste la fin du monde* et, enthousiasmé, décide finalement de monter cette pièce.

1999. Publication de *Juste la fin du monde* aux éditions Les Solitaires Intempestifs. Création de la pièce dans une mise en scène de Joël Jouanneau au Théâtre Vidy-Lausanne.

2000. Publication au sein du volume *Théâtre complet III* aux éditions Les Solitaires Intempestifs. La reprise au théâtre national de la Colline de la mise en scène de Joël Jouanneau reçoit un accueil public et critique enthousiaste. Le spectacle sera en tournée jusqu'en 2002.

2001. Premières traductions en anglais aux États-Unis par Augy Hayter, et en allemand par Uli Menke. La pièce a depuis été traduite en dix-huit autres langues.
Première mise en scène à l'étranger de *Einfach das Ende der Welt* par Wolfram Apprich au Théâtre de Brême en Allemagne.

2002. Mises en scène de Philippe Delaigue à la Comédie de Valence, de Serge Denoncourt à Montréal et de Lucie Tiberghien à New York.

2003. Mise en scène de Bernard Levy à la scène nationale de Sénart.

2005. Mises en scène de Francis Azéma, Jean-Charles Mouveaux, Cédric Revollon et Dominique Terrier et au Portugal, de Alberto Seixas Santos.

2006. Mises en scène de Marcio Abreu au Brésil et de Vlatko Ilić en Serbie.

2007. Nouvelle édition corrigée[2]. La plupart des modifications ont été apportées en comparant le texte de la pièce à celui

---

2. Le détail des corrections apportées à l'occasion de cette nouvelle édition est disponible sur le site theatre-contemporain.net > textes > Juste la fin du monde > en savoir plus > note sur l'édition 2007.

du *Pays lointain*, où figurent des fragments de *Juste la fin du monde* : une étude approfondie faisant apparaître des corrections évidentes de l'auteur lui-même.

Mise en scène de François Berreur (nommée aux Molières 2008) à la MC2 de Grenoble. Captation par Jérémie Cuvillier pour Arte (coproduction : Agat Films & Cie).

Mise en scène de Gilles Lefeuvre au Glob Théâtre de Bordeaux.

Mises en scène de Zeljko Djukic aux États-Unis et de Radu Afrim en Roumanie (spectacle repris au festival « Mettre en scène » à Rennes).

2008. Entrée au répertoire de la Comédie-Française dans une mise en scène de Michel Raskine qui reçoit le « Molière du meilleur spectacle ». Lors de la reprise la saison suivante, le programme de la Comédie-Française précise que la pièce s'impose comme « l'un des plus grands succès historiques, critiques et publics de l'écriture contemporaine ».

Le texte est au programme du baccalauréat option théâtre (ainsi qu'en 2009 et 2010), avec *Nous, les héros (version sans le père)*.

Publication par Scérén et le CRDP de l'académie de Paris du livre-DVD *Juste la fin du monde / Nous les héros* réalisé par Bertrand Chauvet et Éric Duchâtel.

Mises en scène de Manuel Enrique Orjuela Cortés en Colombie (spectacle repris dans des festivals en Irlande, en Espagne et au Brésil), de Philippe Calvario en Slovénie et de Cristian Drut en Argentine.

2009. Mises en scène de François Nambot, Yves Penay et Bruno Marchand.

Mise en scène de Luca Ronconi en Italie (prix de la critique italienne « Événement »), de Jean de Pange au Japon et de Marcela Orrego au Chili.

La Comédie-Française confie à Olivier Ducastel et Jacques Martineau la création du film *Juste la fin du monde* avec les comédiens de la mise en scène de Michel Raskine.

2010. Mise en scène de Uku Uusberg en Estonie.

2011. Mise en scène de Samuel Theis au Théâtre 13 de Paris (prix du Jury / prix de la SACD)

2012. Aux côtés de Béroul, Rabelais, La Fontaine, Saint-Simon et Maupassant, Lagarce est inscrit, pour le xxe siècle, au concours de l'agrégation dans le programme de littérature française en grammaire, lettres classiques et modernes, avec deux textes : *Derniers remords avant l'oubli* et *Juste la fin du monde*.
Mises en scène de Serge Lipszyc au théâtre A Stazzona à Pioggiola en Corse.
Mise en scène de Nabil Al Khatib en Tunisie dans le cadre des Journées théâtrales de Carthage.

2013. Sortie en DVD aux Éditions Montparnasse de *Juste la fin du monde*, le film réalisé par Olivier Ducastel et Jacques Martineau dans le cadre de « La Comédie-Française fait son cinéma ».
Mise en scène de Cathy Rapin en Corée du Sud.

Depuis, la pièce continue d'être régulièrement montée[3].

2016. Adaptation cinématographique de Xavier Dolan, avec Gaspard Ulliel, Vincent Cassel, Léa Seydoux, Marion Cotillard et Nathalie Baye. Le film remporte le Grand Prix du Festival de Cannes et, en 2017, le César de la meilleure réalisation.

2020. La pièce intègre la liste des œuvres inscrites au programme de français de première pour les épreuves anticipées du baccalauréat.

---

[3]. Les mises en scène sont référencées sur theatre-contemporain.net > textes > Juste la fin du monde > en scène.

Retour sur l'écriture

Sélectionnés dans le Journal *de Jean-Luc Lagarce, les passages suivants retracent l'historique de l'écriture de* Juste la fin du monde.

Le projet de cette pièce a d'abord eu pour titre Les Adieux. *Lagarce choisit en mai 1988 de rebaptiser ainsi son roman initialement intitulé* Mes deux dernières années, *les deux textes « portant sur le même sujet ». Une fois ce roman achevé, il commence à travailler sur sa version théâtrale, qu'il appellera dans un premier temps* Quelques éclaircies. *Ce n'est qu'au printemps 1990 à Berlin, où il s'attelle véritablement à l'écriture de la pièce, que Lagarce lui donne son titre définitif.*

Novembre 1983

Par les villages de Handke à Chaillot, mis en scène par Régy. Ça me renvoie durement et durablement à mon incapacité à écrire ça [le 27].
Saignements de nez. Maux de crâne.

Dimanche 27 novembre 1983 | Paris, avenue des Gobelins, 16 heures. [Inédit[4]]

Un spectacle très difficile (4 heures 20) sans presque un mouvement tout fait d'équilibres où les acteurs ne se déplacent qu'à peine... une main, un pied... pour dire une histoire superbe et terrible de deux frères et d'une sœur.

---

4. Note de l'éditeur : Jean-Luc Lagarce a résumé lui-même les premières années de son journal. Nous publions ici des extraits inédits plus larges des 27 et 28 novembre 1983, tant la filiation avec le texte de Peter Handke est évidente.

Handke (Gregor) revient au village où il a vécu, où vivent encore sa sœur et son frère. Son frère est ouvrier, sa sœur est vendeuse. Et c'est l'affrontement et la difficile preuve d'amour. La volonté de donner sans faire mal, et donner, c'est déjà faire mal.
C'était difficile. Je suis sorti de là broyé, rompu. L'attention nécessaire au texte, l'intelligence de la mise en scène (la tragédie qu'elle met en scène).
Mon incapacité à écrire ça (*Retour à la citadelle*). Mon incapacité à parler de et à mon frère et ma sœur. Le pouvoir des mots.
J'en reparlerai. (Peut-être ou peut-être pas. C'est entré dans mon esprit et ça va y faire son chemin.)

Lundi 28 novembre 1983 [Inédit]

Handke, Régy, *Par les villages,* le discours sur le travail de l'écrivain (retrouvé dans mes papiers), tout cela emplit ma nuit de samedi et ma journée de dimanche.
Long article aujourd'hui sur le spectacle et long article de Régy dans *Libération*.
À propos de la fin de spectacle :

> (...) et un discours magnifique de dire aux hommes que tout n'est pas fini, qu'il y a peut-être une autre manière de vivre que celle qu'ils acceptent et en tout cas de leur dire qu'ils feraient bien d'y penser parce que le temps de notre vie c'est maintenant et que c'est ce temps qu'il faut vivre, qu'on a peut-être mieux à faire que de le vivre dans le désespoir, la destruction totale.
>
> Claude Régy

Mercredi 14 juillet 1983 | Les Saintes-Marie-de-la-Mer. (Sur un rocher.)

Et on me fit mal, très mal, à un point extrême, comme jamais encore.
Être là, rien, le corps comme un objet mort.
... Et puis, j'étais malheureux comme les pierres, c'était une sale époque de ma vie, décidément une sale époque.

Et j'étais indifférent parfois et c'était la même chose...
[le 15]

Vacances à Saint-Jean-du-Gard. Maison louée avec Mireille, Ghislaine, Dominique, François et Christine, comme une erreur imbécile.

Une journée à Montpellier, seul. Sauna, après-midi joyeux.

Longue marche la nuit de Anduze à Saint-Jean-du-Gard, dans la montagne, les forêts, de minuit à 3 heures du matin.

Un long moment sur la vieille voie ferrée, à travers un long tunnel et ensuite sous les étoiles, dominant la vallée dans la nuit, sur un pont.

Jeudi 11 février 1988 | Paris. Edgar-Quinet. 13 h 30.

Je vais m'atteler très vite à une pièce. Une pièce courte qui me trottait dans la tête depuis quelque temps.

Cela s'appelle *Les Adieux*.

Cinq personnages, la mère, le père, la sœur, le fils et l'ami du fils. Le fils vient, revient. Il va mourir, il est encore jeune. Il n'a jamais vraiment parlé. Il vient écouter. Il est avec un homme. Ils passent une journée là à ne pas faire grand-chose. Ils écoutent.

La mère parle tout le temps. Éviter le silence, faire comme si de rien n'était.

On ne le dit pas, mais on sait que l'on ne se reverra jamais.

Mardi 1ᵉʳ mars 1988 | Paris.

Ai terminé à l'heure, comme convenu, *Quichotte*. Voilà. Ce n'est pas la chose qui me soit la plus personnelle mais je ne semble pas devoir – pour l'instant – en rougir. C'est probablement un peu conventionnel, mais la musique va très certainement modifier les choses.

M'atteler très très activement désormais à *Mes deux dernières années* sur lequel je ne travaillais qu'à mi-temps.

Cela se révèle plus long – la quantité à défaut de talent – que je ne le pensais.

Je ne vais plus faire que ça.
(Et réfléchir sérieusement toutefois aux *Adieux* qui au bout du compte portent sur le même sujet.)

Vendredi 4 mars 1988 | Paris. Chez moi. 10 h 30.

Travailler sur *Les Adieux*. (*Les Adieux nonchalants* ?) Mais se perdre complètement, totalement. *L'Exercice de la raison*. Cela s'appellerait *Province*. Une comédie, une chose (sic !) enlevée (sic !) et rapide (sic !).

Dimanche 1ᵉʳ mai 1988 | Paris. Montparnasse.

La nouvelle de la semaine c'est le résultat du Front national, officine d'extrême droite avec Jean-Marie Le Pen candidat à la Présidence : 15 %. Soit quatre ou cinq millions de gens ayant voté pour les fascistes.
Mitterrand est en tête et Chirac avec un score minable sera le *challenger*.
On s'est réveillé avec la gueule de bois.
(Et cette petite « marée sociologique » n'est pas terminée, même si Mitterrand est élu, c'est probable, le 8 mai.)
Bien évidemment « cela » ne peut arriver dans notre beau pays ? Sûr, sûr. Cf. *Le Monde d'hier* de ce bon Stefan Zweig. Très très urgent (ce n'est pas une figure de style).

Bonne nouvelle (à confirmer demain) : Malakoff « prend » pour une semaine l'an prochain *La Double Inconstance* de Marivaux.
Reste à aplanir maintenant les véritables difficultés avec Llorca de plus en plus dans son trip « c'est moi le chef, après Dieu ».
Excellente nouvelle, ceci dit.
L'année sera bien remplie avec Jouhandeau et ce spectacle.
Et nous perçons doucement mais sûrement dans le « paysage culturel ».

Travail sérieux tous les jours sur *Mes deux dernières années*. (Et si cela s'appelait *Les Adieux* ?)

Quel changement de situation professionnelle ! (C'était notre maxime de la semaine.)

Dimanche 12 juin 1988 | Besançon. Fin d'après-midi.

Nouvelles / Récapitulatif :
– Ai été malade. Une grippe mal soignée peut-être. Ai songé à la mort. En étais un peu triste, le moins qu'on puisse dire.
– Ai terminé *Les Adieux* (ce qui lié à la maladie ne manquait pas de piquant symbolique).

Samedi 23 juillet 1988 | Paris. 23 h 35.

La nouvelle du jour, de la semaine, du mois, de l'année, etc., comme il était « à craindre et à prévoir » (à craindre, vraiment ?).
Je suis séropositif
mais il est probable que vous le savez déjà.
Regarde (depuis ce matin) les choses autrement. Probable, je ne sais pas.
Être plus solitaire encore, si cela est envisageable.
Ne croire à rien, non plus, ne croire à rien.
Vivre comme j'imagine que vivent les loups et toutes ces sortes d'histoires.
Ou bien plutôt tricher, continuer de plus belle, à tricher.
Sourire, faire le bel esprit. Et taire la menace de la mort – parce que tout de même... – comme le dernier sujet d'un dandysme désinvolte.

Samedi 3 septembre 1988 | Paris. Gaîté. 11 h 30.

Il y eut la deuxième série des examens, le médecin est revenu de vacances. Ils sont positifs mais c'est le contraire qui nous aurait surpris, non ?

Travail sur *Les Héritiers*.
Au fond, je sais travailler. Je ne suis pas un génie, mais je vais travailler et le travail va être – doit – être présent, tout le temps.

Vais m'attaquer encore à la version des *Adieux*. Théâtre. La visite du grand garçon. Un ami, le père, la mère et la sœur.
Titre possible : *Et quelques éclaircies*.

DIMANCHE 9 OCTOBRE 1988 | Paris. 16 heures probablement.

Lecture : Flaubert. Je ne lis pas vite je sais, mais je ne lis que le week-end. Je consacre mes semaines à Jouhandeau. Tentative d'empoignade énergique de *Les Héritiers*. Régler ça et tenter de faire mes adieux avec *Quelques éclaircies*. Juste après.

LUNDI 13 FÉVRIER 1989 | Paris. Gare de Lyon. Midi. (Retour à la citadelle.)

Problèmes d'argent un peu ennuyeux mais pas essentiels, jamais un sou de vaillant mais j'arrive tant bien que mal à régler au fur et à mesure les factures les plus urgentes. Plan pour l'année qui vient (si les petits cochons ne me mangent pas, mais devraient-ils me manger que je pourrais finir, tant bien que mal, ce plan).
(Ceci n'est pas un euphémisme béat, on en est loin, mais une mise au point.)
— Espère reprendre Jouhandeau ce printemps encore. Mais m'efforcerai de le reprendre à Paris à l'automne.
— Même si je reprends Jouhandeau au printemps, répétitions de *Music-hall* et représentations en avril-mai.
— Où ? À Planoise, petite salle, ou si refus (possible) dans n'importe quel boui-boui de Besançon.
— Création — mais je n'y suis pour rien — de *Quichotte* en avril.
— Version définitive de *Music-hall*, rendre aux Attoun en mars (France Culture).
— *Quelques éclaircies*, je me comprends, terminé en été.
— Refonte totale de *Les Adieux* pour dans un an même époque. J'aurai 33 ans, l'âge du Christ, wahou ! (Épisodes supplémentaires probables.)
— Adaptation des *Mutilés* pour l'été.

– Répétitions en février 90. Représentations mars-avril 90.
Faire moins l'imbécile.

Samedi 6 janvier 1990 | Paris. Place Blanche. 13 h 40.

Répétitions de *Music-hall*. Bonnes, excellentes même, conditions et cela ne se passe pas trop mal. Surgère plutôt disponible, et après tout, c'est à moi de tenir le gouvernail.
Bonnes conditions, oui.

Tentatives – dans la tête mais ce n'est pas le pire endroit – de travailler sur un projet déjà mentionné : *Quelques éclaircies*.
Donc, le fils aîné va retrouver sa famille. Il est en train de mourir c'est ce qu'on sait et on parle de choses et d'autres. La Mère, le Père, le Fils Cadet, la Femme du fils cadet, la Sœur, le Fils Aîné donc et l'Homme qui vit avec le fils aîné. C'est une pièce sur la famille, le corps et sur l'enfance. GLUPS !

Jeudi 19 avril 1990 | Berlin. Café Einstein. Kurfürstenstrasse. 13 heures.

Tentatives assez médiocres sur *Quelques éclaircies*. Cela faisait partie dans mon esprit de mon travail ici. Je n'avance pas, je ne fais rien, je bute contre ma propre incompétence. « Visite d'un fils à l'agonie », donc...

Mardi 1ᵉʳ mai 1990 | Berlin. 20 h 30.

Suis allé à Paris de mercredi à hier. Révision des 20 000 kilomètres à l'hôpital Bichat. État stable, tout à fait en forme et même plutôt mieux. Rien de changé, « pas de nouvelles, bonnes nouvelles ». Ceci dit, quel endroit déprimant.

Ai acheté une bonne machine à écrire et me suis jeté sur *Quelques éclaircies*. Ce n'est pas la machine qui fait le style, mais un bon outil...

Lundi 7 mai 1990 | Berlin. Ludwigkirchplatz. 18 h 30.

Je me lève tard, je me couche très tard, je travaille un peu et je passe l'après-midi à ne rien faire. Et voilà où passent vos impôts !
Je tente d'une manière assez volontaire et quasiment désespérée de travailler sur *Quelques éclaircies*. J'ai déjà dû recommencer dix fois le début mais ce n'est pas brillant. J'ai tué le père ce matin et chacun sait que c'est la meilleure chose à faire.

Mardi 22 mai 1990 | Berlin. 21 heures.

Soir d'été. J'ai mangé dans une espèce de taverne en plein air, très « fête de la bière » avec orchestre et ambiance très « teutonne ». Je ne fais pas grand-chose. Je recommence à nouveau *Quelques éclaircies*. J'essaie d'être clair.

Samedi 26 mai 1990 | Berlin. 13 h 30.

J'ai un peu avancé sur *Quelques éclaircies* que je songe à rebaptiser *Juste à la fin du monde*. Bon. Ça vous fascine ?
Et puis, je bute à nouveau, je pense qu'il y a là quelque chose d'important, tout près que je n'arrive pas à atteindre. C'est la première fois que je prends les choses avec autant de clairvoyance, ceci dit. Ce n'est pas bien, je recommence, je recommence. Appliqué. (Trop ?) C'est ma dernière pièce aussi, ou encore, si on veut être plus optimiste : après celle-là, si je la termine, les choses seront différentes.
On veut traduire et monter *Music-hall* au Brésil. Il est vrai que c'est une pièce « très brésilienne ».
Ceci dit, c'est une bonne nouvelle.

Mercredi 6 juin 1990 | Berlin. 9 h 30.

Avancée, percée assez décisive sur *Juste la fin du monde* (ex-*Quelques éclaircies*). Je ne dis pas que c'est gagné, c'en est loin, mais il y a là comme le début de quelque chose, la trace même imparfaite de mon projet.

Samedi 9 juin 1990 | Berlin. 23 heures.

Nouveau cahier. Suite du précédent, terminé cet après-midi.

J'avance un peu sur *Juste la fin du monde*, mais ce n'est pas ça, non, ce n'est pas ça.
Ce cahier est plus épais que les précédents. J'avais ça sous la main et je n'en faisais pas usage. Mais puisque je le pense, je le note, je songe qu'il sera le dernier puisqu'il suffira à me conduire aux extrémités. Nous verrons. Rendez-vous au volume XVII.

Dimanche 8 juillet 1990 | Hambourg. 14 heures.

Ai terminé – et me suis offert cette balade de fait – *Juste la fin du monde*. Mais c'est très décevant.
Visite du port – dans une sorte de petit bateau pour touristes –, belles images vidéo, je crois. Et jeu étrange avec une jeune femme, photographe, assise à côté de moi. Ma mère, est-ce que je ne serais pas hétéro ?...

Vendredi 1er février 1991 | Paris. Edgar-Quinet. Midi.

Mon père a un cancer.
J'ai appelé Jean-Philippe Roy, le médecin de mes parents, celui-là qui, lorsque j'étais adolescent, me faisait des clins d'œil et qui me dit : « C'est bien triste qu'on se retrouve en de telles circonstances... »
Il m'a dit ce que ma mère et mon père ne m'ont pas dit (et que peut-être il ne leur a pas appris en termes aussi directs).
Mon père a un cancer du fumeur. C'est grave, sérieux et il va falloir tenir car le traitement – aussi aléatoire qu'il soit – sera difficile.
Je tremble comme une feuille pendant dix minutes dans le bureau.
Les Adieux refusé pour la seconde fois par P.O.L.
Voilà.
Ne plus écrire qu'ici ? Après *Les Adieux*, *Juste la fin du monde* et ce *Journal vidéo*, comme autant de fins.

Jean-Luc Lagarce évoque le peu d'enthousiasme que suscite la pièce, ses tentatives infructueuses de réécriture et en conséquence son abandon de l'écriture théâtrale.

SAMEDI 5 JANVIER 1991 | Paris. Les Halles. Le Père Tranquille. 10 h 30.

Discussion aussi à propos du stage de février à Dijon. Bon. Ça veut dire qu'on travaille. Heureusement car du côté Attoun, petite conversation téléphonique à propos de *Juste la fin du monde* – ses réserves semblaient avoir gonflé et le texte semblait être la pire des choses qu'on ait pu lire, tout ça parce que j'ai décidé de ne pas y retoucher. Lucien fut peu aimable, très sec et cassant.

LUNDI 14 OCTOBRE 1991 | Paris. Gare de l'Est. 8 h 30.

Je n'écris plus. Je n'essaie pas. Comme quelque chose de cassé – *Juste la fin du Monde* ou *Histoire de Gary* qui serait la seule histoire qui vaille la peine...
Même les courts textes – une demande de Roland Fichet sur « Le Jour de ma naissance » – ou une commande sur « Le Savoir-vivre » pour Belfort.

DIMANCHE 22 DÉCEMBRE 1991 | Paris. Chez moi. 19 h 30.

Dans la galerie « Hommes de ma vie », un gaillard à la musculature la plus parfaite et la plus impressionnante – plus une petite gueule d'enfer – qui tient toujours à jouir dans mes bras dans l'arrière-boutique. On doit bien en être à la dixième fois du même rite en deux ans.
Me suis remis au travail. Retoucher *Juste la fin du monde* et mettre diverses choses au propre (scénario, textes...).
Mes parents ont failli me faire hurler des horreurs définitives l'autre soir. Il a fallu que j'aille me mettre au lit à 8 heures du soir pour éviter l'irréparable.
On m'aura abîmé, mine de rien.

Lundi 8 février 1993 | Paris. La Bastille. Midi trente.

Nouveau cahier donc – dix-huitième – qui l'eût cru et espéré, etc.
Début du travail chaotique sur *Le Malade imaginaire*. Est-ce que je sais seulement faire autre chose que mettre en place ? Bien mettre en place, oui, mais je ne suis pas un génie.

Soirée à Beaubourg à la bibliothèque – on dirait l'Allemagne de l'Est – avec Théâtre Ouvert. Ma vie, mon œuvre racontées aux enfants par Colette Godard *from The Monde*, réponses pleines d'esprit suranné de votre serviteur – ma langueur et mon dandysme provincial – et quelques extraits épuisants de *Juste la fin du monde* lus, très bien, par Olivier Py.
Y a-t-il des questions dans la salle ?

Mercredi 25 août 1993 | Aubenas. 11 h 30.

Suis en très mauvais état. Très souvent, dans la journée, je suis gagné soudain par l'épuisement et je dois m'étendre. Est-ce un passage ou non, je ne sais pas, mais c'est bien inquiétant pour la rentrée et tout le travail qui m'attend.
Je n'écris plus. C'est depuis longtemps. Berlin, Gary, *Juste la fin du monde*. Je n'écris plus. François par exemple – mais par exemple au meilleur sens du terme – soutient régulièrement que j'écris, « que je suis écrivain », que les petits textes que je ponds ici ou là, que la Baronne Staffe, sont de l'écriture mais je ne le crois pas. Je ne le pense pas. Je n'écris plus.

Je relis ici *Juste la fin du monde* à la demande des Attoun et suite à une conversation avec François (c'est mon meilleur travail et il suffirait de quelques petites retouches…).
Tout cela me paraît étrangement mystérieux et lointain (loin de moi).
Est-ce que le seul travail d'écriture n'est pas celui-ci ?

Jeudi 2 septembre 1993 | Paris. Café Beaubourg. 17 h 30 environ.

Ai repris le travail depuis lundi. Beaucoup de travail. Cet après-midi, très agréable, avec Laurent sur la maquette (définitive ?). Demain sur les costumes et la musique. Bon travail.
Ai commencé à retoucher (à peine) – ça consiste plus à relire qu'autre chose – *Juste la fin du monde*. Essayer de retrouver l'envie, le désir.

Samedi 18 septembre 1993 | Maubeuge. 19 heures.

Bon travail, peut-être un peu fastidieux, sur Ionesco – resserrer les boulons ici ou là – mais quelle ville effroyablement sinistre !
L'autre jour, première à la Bastille des *Drôles* de Élizabeth avec elle et Olivier. Bon spectacle mais la mise en scène est loin à mon humble avis de la force du texte. Olivier était très tendu par cette première mais Élizabeth était magnifique comme je ne l'avais encore jamais vue. Réception ensuite dans une galerie d'Art, plein de dames en noir et de jeunes gens blasés. Après les petites mondanités, je craque assez vite et je renonce au dîner. Je prends un taxi et sans trop savoir pourquoi les larmes me viennent aux yeux. Le sentiment si étrange d'être à l'extérieur désormais, loin desdits jeunes gens...
Je dors très mal. Je refais le Monde une nuit sur deux ..
Je travaille assez régulièrement sur *Juste la fin du monde*. À Paris, mais ici aussi, le matin, sur ma petite machine à coudre portable. Bon.
Ça ne ressemble pas à grand-chose mais je me suis remis un peu à gratouiller sur du papier.
Rendez-vous essentiel, important, avec le Directeur du Théâtre. En fait, j'avais un peu oublié déjà et j'oubliais de vous tenir au courant.
Bon. Le Directeur (charmant et courtois) me parle de mon avenir. Je suis appelé à avoir beaucoup d'argent mais surtout on m'imagine très bien à la tête d'une insti-

tution (et non des moindres). Pour ne pas les nommer mais les allusions sont fort nettes, il est question de Toulouse ou de Grenoble.
Qu'est-ce que j'en pense ? Je ne sais pas, j'écoute, j'essaie de m'imaginer en Seigneur de la Guerre du théâtre français.
Je suis juste en train de mourir et je n'ai pas d'amour vers qui me tourner pour poser des questions.

Mardi 25 janvier 1994 | Paris. Chez moi. Presque midi.

Je devrais essayer de mettre ça un peu au clair, je devrais essayer de me protéger un peu, me refermer un peu sur moi-même. Mettre au propre un ou deux petits travaux sans cesse reportés (*Juste la fin du monde*, vidéo, ce journal…).
La solitude, à peine, comme hier soir, comme ce matin, est une grande chance parfois. Elle me protège.

Lundi 7 août 1995 | Paris. Chez moi. 19 h 40.

Ai beaucoup travaillé, à Avignon déjà et depuis que je suis rentré et tout le week-end, comme un fou, ai beaucoup travaillé au *Pays lointain*.
Ce n'est rien. C'est énorme et ce n'est rien. Une bouillie immonde dont je ne me sors pas.
(Ai repris la totalité, là au milieu, de *Juste la fin du monde* et c'est une vraie catastrophe dont je ne me sors plus.)

Mardi 19 septembre 1995 | Paris. Chez moi. 9 h 30.

Il s'est passé beaucoup de choses. Ai laissé passer beaucoup de temps. Juste raconter à peine les deux ou trois épisodes.

Le jeudi 7, je partis à Besançon. J'étais très malade depuis deux jours. J'avais incroyablement mal au côté droit du visage et je pensais à une rage de dents. Le dentiste avait décrété que je n'avais rien de ce côté.

Arrivé à Besançon – je devais voir la Région, dès ma descente du train – je n'en pouvais plus tant j'avais mal.

François me prit un rendez-vous avec un de leurs amis, Thierry. Il fit des radios. J'avais en effet une double sinusite, très grave, paraît-il, très impressionnante. Le soir, il y avait le Conseil d'Administration de la compagnie ; c'était très gentil – notre situation n'est pas bonne – mais j'avais très mal.

Le lendemain, j'ai vu la Ville, il s'agissait surtout de parler du CDN.

Le samedi, de moins en moins en état, je suis allé à Belfort faire la présentation de saison du théâtre.

Ai déjeuné (et ce fut très agréable) avec Dominique.

L'après-midi de présentation puis la soirée furent épuisants.

Le dimanche, je suis allé chez mes parents. J'ai vu l'enfant de ma sœur. Cela aurait pu aller mais j'ai fini par hurler dans le nez de mon père – à propos des « Arabes » qui posent des bombes et de la peur (« on n'a pas tort »).

Je hurlais (mais étrangement cela m'a fait du bien).

Le soir, j'ai pris l'avion. Je n'étais plus rien.

À Paris – c'était comme un cadeau – il y avait une carte postale du jeune homme de Brest.

Le lundi à l'hôpital mes résultats n'étaient pas terribles. Il faudrait que je me repose.

À 9 heures ce mardi, on m'a confirmé que j'étais dans la course pour le CDN.

Les mercredi, jeudi, vendredi, j'ai répété *La Cagnotte*. C'était très joyeux, très efficace.

Le dimanche toute la journée, j'ai travaillé. Ai terminé *Le Pays lointain*. Nous verrons.

Lundi soir, hier, ai rencontré le Directeur du Théâtre. Ce n'est pas sûr, rien n'est sûr, mais j'ai mes chances pour le CDN.

Genèse

Datée de 1989, une première ébauche d'un monologue introductif à un projet en devenir que l'on peut associer à Juste la fin du monde.

Lui. – Ai toujours eu plus ou moins peur, quelque chose comme ça. Je crois. Toujours, plus ou moins, toujours eu peur, et rien d'autre, rien d'autre qui vaille la peine – la peine – qui vaille la peine d'être signalé.

Aussi loin que je me souvienne, enfant oui, c'est exactement cela, enfant, très petit enfant, jeune, aussi loin que je me souvienne, que je puisse me souvenir, aujourd'hui, aussi loin que me reviennent en mémoire les souvenirs, toujours eu peur, et rien d'autre, pas que je sache, rien d'autre, toujours eu peur, c'est tout.

Jamais cela ne se voit, je ne crois pas, ai toujours été prudent – cela que je veux dire, et la prudence est la peur encore – ai toujours été prudent et il ne me semble pas que j'ai pu laisser apparaître, cela, non, non, il ne me semble pas que j'ai pu laisser apparaître ce sentiment, « la peur qui me ronge et m'emporte », non, je ne crois pas, je ne crois pas, j'en suis certain, bien certain, oui, bien certain, « ça », oui, bien certain, fus toujours prudent et attentif à moi-même et jamais je ne laisse rien passer qui puisse me nuire, ou donner à penser que je ne contrôle plus la totalité – la totalité – de mon âme, je ne sais pas si c'est le mot exact, la totalité de mon esprit, non, « ça », non, je ne crois pas, j'en suis certain, n'ai jamais rien laisser sortir, paraître, filtrer, ou fuir, le mot exact, fuir, rien laisser fuir de cette peur qui me mangeait l'intérieur du corps, de la tête, l'âme

Ce que je voulais dire, là-dessus, « l'âme », le mot exact, je ne sais pas, le mot me parut trop fort, on ne saurait le dire aujourd'hui, de nos jours
(comme si j'étais né, et avais toujours vécu à une autre époque, un autre temps, que le nôtre, celui-là où je ne me reconnais pas !)
ce que je voulais dire, « l'âme », il n'y a pas là le sentiment religieux, l'empreinte de la religion, non,
« ça », non,
mais tout au plus – tout au plus – l'impression de ce qui gouverne mon corps et me fait agir,
rien de plus.
Et toujours, donc, toujours, elle resta enfermée,
Cette peur, ce sentiment de l'inquiétude, mais ce n'est pas la même chose,
sais toujours, elle fut à l'intérieur de moi,
« mon âme »,
Et je la gardais, et je la retenais, et jamais personne n'aurait su la deviner [...].

« Ai toujours eu plus ou moins peur... »
Brouillon d'un monologue, Fanum, fonds d'archives numériques Jean-Luc Lagarce.

Scènes comparées

Le Pays lointain n'est pas une réécriture de Juste la fin du monde *mais plutôt une version augmentée de la « famille choisie ». Dans son* Journal, *en date du 7 août 1995, il note : « ai beaucoup travaillé au* Pays lointain. *Ce n'est rien. C'est énorme et ce n'est rien. Une bouillie immonde dont je ne me sors pas. (Ai repris la totalité, là au milieu, de* Juste la fin du monde *et c'est une vraie catastrophe dont je ne me sors plus). »*

Vous trouverez ci-après quelques extraits de Juste la fin du monde *revisités pour* Le Pays lointain.

CATHERINE. – [...] Nous vous avons, à notre tour, avions, nous vous avions envoyé, en contrepartie, je veux dire, par le retour ensuite du courrier, nous vous avions envoyé à notre tour une photographie d'elle

– elle est toute petite, toute menue, c'est un bébé, ces idioties ! Assez fripé, je ne sais pas si on dit ça d'un enfant, mais bon, nous nous comprenons, ce n'est pas méchant, assez fripé –

et sur la photographie, vous ne pouvez donc pas vous rendre compte, sur la photographie

– Antoine a toujours passé son temps à la photographier et nous tous aussi, il nous photographie ; de sa famille, j'ai bien peur qu'il n'y ait que vous qu'il ne photographie pas, dont il ne possède pas ici de photographie –

sur la photographie, elle ne ressemble pas à Antoine, pas du tout, alors là, pas du tout du tout, elle ne ressemble franchement à personne, c'est juste elle

– quand on est si petit, on ne ressemble à rien –

je ne sais pas si vous l'avez reçue, cette photographie,

je me demande si vous l'avez reçue, je me demandais, souvent je me suis demandé.

Aujourd'hui, elle est très différente, une fille évidemment, une fillette, cela change, mais déjà très jolie, non, pas très jolie, non, mais du charme, vous ne pourriez la reconnaître, elle a grandi et elle a des cheveux. C'est dommage.

Antoine. — Laisse ça, tu l'ennuies. Tu les ennuies.

Louis. — Pas du tout, pourquoi est-ce que tu dis ça ? Ne dis pas ça. Je suis très content. Je suis un peu désolé de ne pouvoir les voir. Cela m'aurait fait plaisir. Ce sera une autre fois.

Longue date. — Cela ne nous ennuie pas du tout. Moi, pas du tout. Je ne saurais mieux dire.

Catherine. — Je vous ennuie, j'ennuie tout le monde, les enfants, ses enfants, on croit que ça intéresse, on croit être intéressante, c'est juste moi que cela intéresse.

Louis. — Non. Je ne sais pas pourquoi il a dit ça, je n'ai pas compris, pourquoi est-ce que tu as dit ça ? C'est méchant, non pas méchant, déplaisant, c'est assez déplaisant. Cela ne m'ennuie pas du tout, cela ne nous ennuie pas du tout, tout ça, mes filleuls, neveux, nièces, ma nièce, ce n'est pas ma filleule, non, pas ma filleule, pas comme ça qu'on dit – filleule, c'est autre chose – ma nièce ? Ma nièce, bon, ma nièce, oui, ma nièce, pas du tout, pourquoi dit-il cela ? Ça m'intéresse.
Ma nièce m'intéresse.
La photographie, je l'ai gardée, bien sûr, pourquoi est-ce que je ne l'aurais pas gardée, elle est chez moi, je l'ai posée près de celle de Suzanne, j'ai une photographie de Suzanne, également, elles se ressemblent, toutes les deux, je pense ça.

Suzanne. — Tu as ma photo, chez toi ?

Le Pays lointain, p. 80-81.
(In *Théâtre complet IV*, p. 346-347.)

SUZANNE. – [...] Elle, ta mère, ma mère, notre bien chère mère,
elle dit que tu as fait et toujours fait, et avant ton départ, déjà, la fuite, et depuis plus longtemps encore, depuis sa mort à lui, la disparition brutale de notre père, j'étais enfant, je me souviens mal
– je suis bien solennelle, pas solennelle, non, sérieuse, je suis bien sérieuse, je suis désolée –
elle dit que tu as fait et toujours fait ce que tu avais à faire. Elle répète ça.
Un homme sur qui on peut compter dans les grands et mémorables instants de la vie.
Et si nous devions par hasard, seulement, ne serait-ce qu'à peine, si nous devions insinuer, Antoine ou moi, oser insinuer que peut-être, comment dire ?
Que, peut-être, tu ne fus pas toujours tellement tellement présent, que, peut-être, tu es un homme dont on ne doit rien espérer dans les infimes détails et recoins de l'existence,
elle répond que tu as fait et toujours fait ce que tu avais à faire
et nous, Antoine ou moi, nous nous taisions,
est-ce qu'on sait ?
On ne te connaît pas,
on se tait.

Ce que je suppose, ce que j'ai supposé et Antoine pense comme moi, c'est probable,
puisque, en effet, jamais tu n'oublias les dates essentielles de nos vies, les anniversaires quels qu'ils soient, les dates qui nous réunissent, le jour de la mort de notre père, les naissances des enfants, tout ça, les événements historiques, puisque,
on ne peut prouver le contraire, t'accuser,
puisque toujours tu restas proche d'elle, d'une certaine manière, et de nous aussi, donc,
ce qu'elle souhaite nous faire entendre, c'est que nous n'avons aucun droit à te reprocher quoi que ce soit, ton

absence, le silence, le refus des petites tendresses gratuites, hors de propos, le secret dur, intouchable, de ta vie.

C'est étrange,
je voulais être heureuse et l'être avec toi
– on se dit ça, on se prépare, j'étais bien contente ! – et
je te fais des reproches et tu m'écoutes,
tu sembles m'écouter sans m'interrompre.

J'habite toujours ici avec elle.
Antoine et Catherine avec les enfants
– je suis la marraine de Louis.

Antoine et Catherine ont une petite maison, pavillon, petite maison, bon, comme bien d'autres, à quelques kilomètres de nous, par là, vers la piscine découverte omnisports, tu prends le bus 9 et ensuite le 62 et ensuite tu dois marcher encore un peu, tu ne peux pas la louper, toutes les autres maisons sont pareilles, mais celle-là ferme le rang.
C'est bien, cela ne me plaît pas, je n'y vais jamais, mais c'est bien. Je dis ça.

Je ne sais pas pourquoi, je parle, et cela me donne presque envie de pleurer, tout ça, Antoine habitant désormais près de la piscine découverte omnisports, c'est drôle, cela me donne envie de pleurer.

Non, ce n'est pas bien, là où ils habitent, ce n'est pas bien, c'est un quartier plutôt laid, ils reconstruisent mais cela ne peut pas s'arranger, ils aménagent mais qu'est-ce qu'il y a à aménager ? Rue des Martyrs-de-la-Résistance, des noms comme ça, impasse Debussy, c'est se payer d'ennui, un gamin de six ans qui apprend à écrire « Je m'appelle Louis et j'habite rue des Martyrs-de-la-Résistance », ça commence mal.
Je n'aime pas du tout l'endroit où ils habitent,
c'est loin,
je n'aime pas,

ils viennent toujours ici et nous n'allons jamais là-bas. Ils ont acheté, ils remboursent.

Ces cartes postales, tu pouvais mieux les choisir, je ne sais pas, je les aurais collées au mur, j'aurais pu les montrer aux autres filles !

Bon, ce n'est rien. Pas grave.

Le Pays lointain, p. 95-97.
(In Théâtre complet IV, p. 361-363).

LE PÈRE, MORT DÉJÀ. – Nous ne sommes jamais l'un près de l'autre.

ANTOINE. – Non. Cela n'arrive pas. Je ne sais pourquoi.

LE PÈRE, MORT DÉJÀ. – Rien à se dire ?

ANTOINE. – Peut-être ça, rien à se dire. On s'entend mal.

LE PÈRE, MORT DÉJÀ. – Et les derniers temps, Louis était déjà parti, et moi je ne valais plus grand-chose, et les derniers temps, on ne trouvait pas, on imaginait mal, on avait beau chercher, on ne trouvait pas. Peut-être que je n'avais plus envie.

ANTOINE. – Ce doit être ma faute. Je ne faisais rien qui vaille. Je sentais que je devais intervenir, que c'était mon tour et je n'osais pas. J'ai renoncé. C'était trop tard. Peut-être, ce que je croyais, ce que je voulais croire, peut-être que tu ne souhaitais rien de moi, pas plus là, les derniers temps qu'avant, toujours.

LE PÈRE, MORT DÉJÀ. – Je ne sais plus. Je ne voulais rien du tout. Je suis resté ainsi, de longs après-midi, j'avais terminé ma vie, je le savais, je le comprenais, j'avais terminé ma vie, c'était juste quelques semaines encore et rien de plus, j'avais travaillé et désormais j'allais terminer ma vie et je n'attendais rien de précis, ce que tu pouvais dire ou ne pas dire, cela n'aurait rien changé, ce devait être, probable, ce devait être juste bon à aggraver les choses, les rendre moins faciles.

ANTOINE. – Des années entières, et aujourd'hui encore, des années entières, j'ai fait un rêve. Longtemps toujours je me suis réveillé épuisé de colère, de violence,
épuisé de colère et de la douleur de cette colère, épuisé oui, et abîmé encore pour toute la journée qui suit et parfois même pour les jours qui suivent, épuisé de colère contre toi, contre vous tous, là, mais contre toi, tout particulièrement.
Le même rêve, semblable, où je songe à tout détruire de ce qui m'appartient, juste cela, ce qui m'appartient, le réduire en cendres, les affaires qui sont les miennes, les objets, les choses que j'ai achetées pour ma femme, pour moi et pour ma femme et pour mes enfants, n'en plus rien garder,
détruire tout comme la preuve absolue de ma colère contre toi, vous, mais contre toi tout particulièrement.
Ce rêve-là. Ne plus rien garder de ce qu'est ma vie, ma petite vie, à quel point montrer que je n'y tiens plus, tant je suis épuisé de colère contre vous, contre toi, surtout contre toi.

Le Pays lointain, p. 122-123.
(In *Théâtre complet IV*, p. 388-389.)

L'ADAPTATION CINÉMATOGRAPHIQUE
PAR XAVIER DOLAN

Le mot du réalisateur

C'était en 2010 ou 2011, je ne me souviens plus. Mais peu de temps après *J'ai tué ma mère*, j'étais chez Anne Dorval, assis au comptoir de sa cuisine où nous atterrissons tout le temps pour parler, se retrouver, regarder des photos, ou ne rien dire, souvent. Elle me parlait alors d'une pièce extraordinaire qu'elle avait eu le bonheur d'interpréter aux alentours de l'an 2000.

Jamais, me disait-elle, n'avait-elle dit et joué des choses ainsi écrites et pensées, dans une langue si intensément particulière. Elle était convaincue qu'il me fallait absolument lire ce texte, qu'elle avait d'ailleurs conservé dans son bureau, tel qu'elle l'avait annoté dix ans plus tôt ; notes de jeux, positions de scène et autres détails inscrits dans la marge.

Je ramenai chez moi ce document imposant imprimé sur papier grand format. La lecture s'annonçait exigeante. Comme de fait, je n'eus pas le coup de foudre auquel Anne me destinait. Pour être honnête, je ressentis à l'inverse une sorte de désintérêt, et peut-être même d'aversion pour la langue. J'avais à l'égard de l'histoire et des personnages un blocage intellectuel qui m'empêchait d'aimer la pièce tant vantée par mon amie. J'étais sans doute trop pris par l'impatience d'un projet ou l'élaboration de ma prochaine coiffure pour ressentir la profondeur de cette première lecture diagonale. Je mis *Juste la fin du monde* de côté, et avec Anne, on n'en parla plus vraiment.

Après *Mommy*, quatre ans plus tard, je repensai au grand texte à la couverture bleue rangé dans la bibliothèque du salon, sur la tablette la plus haute. Il était si grand qu'il dépassait largement des autres livres et documents entre lesquels il était fourré, la tête haute, comme s'il savait qu'on ne pouvait indéfiniment l'oublier.

Tôt cet été-là, je relus – ou lus, vraiment – *Juste la fin du monde*. Je sus vers la page 6 qu'il s'agirait de mon prochain film.

Mon premier en tant qu'homme. Je comprenais enfin les mots, les émotions, les silences, les hésitations, la nervosité, les imperfections troublantes des personnages de Jean-Luc Lagarce. À la décharge de la pièce, je ne pense pas avoir, à l'époque, essayé de la lire sérieusement. À ma décharge, je pense que, même en essayant, je n'aurais pas pu la comprendre.

Le temps fait bien les choses. Anne, comme toujours ou presque, avait raison.

Adapter Lagarce

Lorsque j'ai commencé à dire que *Juste la fin du monde* serait mon prochain film, le projet fut accueilli par une sorte de scepticisme bienveillant mêlé d'appréhension. Le doute venait de mes amis, surtout. Anne, notamment, Serge Denoncourt, ou Pierre Bernard, qui avaient tous deux été de la pièce lorsqu'elle avait été montée à Montréal, en 2001. Anne m'avait exhorté à lire ce texte conçu sur mesure, disait-elle, pour moi, mais s'interrogeait sur la faisabilité de cette adaptation...

« Comment préserveras-tu la langue de Lagarce ? » me demandait-elle. « C'est ce qui fait de ce texte quelque chose de pertinent et d'unique. En même temps, cette langue n'est pas cinématographique... Et si tu la perds, où est l'intérêt d'adapter Lagarce ? »

Mais je ne voulais pas la perdre. Au contraire, le défi pour moi était de la conserver, et la plus entière possible.

Les thèmes abordés par Lagarce, les émotions des personnages, criées ou muselées, leurs imperfections, leur solitude, leurs tourments, leur complexe d'infériorité… tout de Lagarce m'était familier – et le serait sans doute pour la plupart d'entre nous. Mais la langue, elle… m'était étrangère. Et nouvelle.

Tissée de maladresses, de répétitions, d'hésitations, de fautes de grammaire… Là où un auteur contemporain aurait d'office biffer le superfétatoire et la redite, Lagarce les gardait, les célébrait. Les personnages, nerveux et timorés, nageaient dans une mer de mots si agitée que chaque regard, chaque soupir glissés entre les lignes devenaient – ou deviendraient, plutôt – des moments d'accalmie où les acteurs suspendraient le temps.

Je voulais que les mots de Lagarce soient dits tels qu'il les avait écrits. Sans compromis. C'est dans cette langue que repose son patrimoine, et c'est à travers elle que son œuvre a trouvé sa postérité. L'édulcorer aurait été banaliser Lagarce. Que l'on « sente » ou non le théâtre dans un film m'importe peu. Que le théâtre nourrisse le cinéma… N'ont-ils pas besoin l'un de l'autre de toute façon ?

XAVIER DOLAN
2 avril 2016

L'AUTEUR

Chronologie

1957. Jean-Luc Lagarce naît le 14 février à Héricourt, en Haute-Saône. Parents originaires de cette région. Il est l'aîné de trois enfants.

1965. La famille s'installe sur les hauteurs de Valentigney, bourgade du pays de Montbéliard (Doubs). Les parents sont ouvriers aux usines Peugeot.

1965-1975. Primaire, collège et lycée à Valentigney. Catéchisme à l'église protestante, camps d'Éclaireurs.
Figure dominante de la « Bande des huit » (amis) dont font partie Pascale Vurpillot, future administratrice de la compagnie le Théâtre de la Roulotte, et Dominique, à qui il enverra par la suite de nombreuses lettres.
Écrit un poème dédié à sa mère, primé lors d'un concours à l'échelon départemental. En quatrième, écrit sa première pièce (perdue) inspirée de l'émission « Au théâtre ce soir » consacrée au théâtre de boulevard.
Choc théâtral lors d'une sortie organisée par le lycée devant *Sarcelles-sur-mer*, de et par Jean-Pierre Bisson. Bac philosophie.

1975. Départ pour Besançon. S'inscrit à la faculté de philosophie et au conservatoire régional dramatique de la ville. Rencontre Mireille Herbstmeyer.

1977. Début de l'écriture de son journal le 9 mars. Création le 24 mars d'une compagnie de théâtre amateur, le Théâtre de la Roulotte, en référence à Jean Vilar, avec des élèves du conservatoire. Premiers spectacles à l'Atelier du Marché avec ses premières pièces : *La Bonne de chez Ducatel*, *Erreur de construction*, dans le sillage de Ionesco.

1978-1979. Adaptation très libre de l'*Odyssée* sous le titre *Elles disent... l'Odyssée*. Obtient sa licence de philosophie avec mention. Sa pièce *Carthage, encore* est diffusée sur France Culture par Lucien Attoun.

1980-1981. Rencontre François Berreur au cours d'un stage à Besançon sous la direction de Jacques Fornier. La Roulotte devient professionnelle. Écrit *Ici ou ailleurs* et joue dans la mise en scène faite par Ghislaine Lenoir. *Carthage, encore* et *Voyage de Madame Knipper vers la Prusse Orientale* publiés ensemble sous forme de tapuscrit par Théâtre Ouvert, voué aux nouveaux auteurs. Diffusion de *La Place de l'autre* sur France Culture. *Les Serviteurs* mis en voix au Festival de Hérisson. Maîtrise de philosophie dont le sujet est « Théâtre et pouvoir en Occident ». Projet de thèse.

1982. Abandonne ses études pour se consacrer au théâtre. Succès de *Voyage de Madame Knipper vers la Prusse Orientale* mis en scène par Jean-Claude Fall au Petit Odéon à Paris, alors lié à la Comédie-Française. Écrit *Noce* et joue dans la mise en scène faite par Ghislaine Lenoir pour l'inauguration de la petite salle de l'Espace Planoise à Besançon.

1983. *Vagues souvenirs de l'année de la peste* – où apparaît pour la première fois le signe typographique « (...) » qui lui est propre – est mis en scène par Jean-Luc Lagarce au Théâtre du Casino à Besançon, coproduit par le centre dramatique national de Besançon. « Là j'ai su que je faisais du théâtre professionnellement. » Écrit, met en scène et interprète (avec François Berreur et Mireille

Herbstmeyer) *Histoire d'amour (repérages)* qui inaugure la grande salle de l'Espace Planoise à Besançon.
Durant l'été, écrit *Hollywood*.

1984. Vit à Paris tout en gardant son appartement à Besançon. Écrit *Retour à la citadelle*. Monte à Besançon *Préparatifs d'une noce à la campagne*, collage à partir de textes de Kafka.
Publication en tapuscrit par Théâtre Ouvert de *Retour à la citadelle*. Adapte et met en scène *Les Égarements du cœur et de l'esprit* de Crébillon fils, puis plus tard *Instructions aux domestiques* de Swift, spectacles au décor simple et au nombre d'acteurs réduit qui vont beaucoup tourner et faire vivre la Roulotte.

1985. Première lourde production, *Hollywood*, avec le renfort d'acteurs extérieurs dont le mythique Daniel Emilfork. Spectacle salué par la critique mais peu joué, déficit important.
Sélectionné pour le Printemps du théâtre, écrit et met en scène *De Saxe, roman*. Désastre critique, professionnel et financier. Achève l'écriture de *L'Exercice de la raison*, commande de l'Espace Planoise. Pièce dont personne ne veut et qu'il récrira en 1989 sous le titre *Les Prétendants*.

1986. Vit définitivement à Paris. Lit toujours énormément, voit beaucoup de films (écrit quelques chroniques pour *Libération* et *Le Point* sous un pseudonyme balzacien : Paul Dasthé). Écrit intensément : journal, lettres, pièces. Écrit *La Photographie* pour le chorégraphe Hideyuki Yano (Besançon). Première version de *Derniers remords avant l'oubli*.

1987. *Derniers remords avant l'oubli* publié en tapuscrit. Projet *1957-1987*, un spectacle-collage de textes pour ses 30 ans, qui n'aboutit pas. Mise en scène de *Dommage qu'elle soit une putain* de John Ford à l'Espace Planoise.

1988. Le 23 juillet, apprend sa séropositivité. Traitement AZT, divers protocoles.
Adaptation des *Chroniques maritales* de Marcel Jouhandeau.

1989. Met en scène sa pièce *Music-hall* à l'Espace Planoise puis à Théâtre Ouvert. Entre-temps, écrit *Quichotte*, commande de Charlotte Nessi (Ensemble Justinia) pour un opéra jazz sur des musiques de Mike Westbrook.
Les comptes de la Roulotte restent dans le rouge et les subventions modestes ; toujours pas de théâtre où la compagnie serait chez elle.

1990. Théâtre Ouvert consacre un « parcours » à trois auteurs, Lagarce, Llamas et Durif. Lauréat d'une bourse « Villa Médicis hors les murs », il séjourne à Berlin, y achève *Juste la fin du monde*. Prêt d'une caméra pour un projet de *Journal vidéo* par le Centre international de création vidéo Montbéliard-Belfort. Commence à recopier son journal et travaille au montage de son *Journal vidéo*. Met en scène *On purge bébé !* de Feydeau. Candidat à la direction du centre dramatique national de Besançon dont le directeur arrive en fin de mandat. Sa compagnie passe « hors commission », ce qui garantit pour trois ans une certaine stabilité financière.

1991. Met en scène *La Cantatrice chauve* de Ionesco dont il a enfin obtenu les droits. Succès public considérable, reprise en tournées nationales et internationales au cours des trois saisons suivantes. Nouvelle version d'*Histoire d'amour (derniers chapitres)*, les trois mêmes acteurs huit ans après, le même lieu mais dans la petite salle de l'Espace Planoise. Il dirige Liliane David dans *Conversation chez les Stein sur monsieur de Goethe absent* de Peter Hacks joué dans des lieux non théâtraux de Franche-Comté. Partenariat avec le Théâtre Granit de Belfort où vient d'arriver un nouveau directeur, Henri Taquet. Il y dirige des stages, signe des éditos en toute liberté dans les plaquettes de saison.

1992. Crée à Belfort *Les Solitaires intempestifs*. Le spectacle vient à Paris au Théâtre de la Cité Internationale où l'a précédé *Histoire d'amour (derniers chapitres)*.
Ses défenses immunitaires baissent, il est hospitalisé d'urgence avant la fin des représentations des *Solitaires*. Le montage de son film vidéo s'achève (sans lui) sur ses indications. Création au sein de la Roulotte de la maison d'édition Les Solitaires Intempestifs pour publier des pièces aimées : celles d'Olivier Py et Élizabeth Mazev.

1993. Une soirée est consacrée à son écriture à Beaubourg, même s'il est principalement reconnu comme metteur en scène.
Met en scène *Le Malade imaginaire* de Molière, énorme succès, tournées longues qui lui donnent l'idée d'écrire une pièce pour les acteurs du spectacle : *Nous, les héros*, pour laquelle il s'inspire du *Journal* de Kafka. Mais il ne parvient pas à monter la production.
Visites régulières à l'hôpital, traitement lourd. Le Théâtre Granit de Belfort lui commande une pièce destinée à être jouée en appartement. Il sort de ses tiroirs un ancien projet et écrit *Les Règles du savoir-vivre dans la société moderne* à partir d'un manuel de la fin du XIXe siècle.
Différents articles de presse évoquent sa maladie. L'auteur et metteur en scène Roland Fichet lui propose de participer à un cycle sur les récits de naissance, Lagarce signe *L'Apprentissage*. Écrira deux autres récits à partir de son journal, retrouvés et publiés après sa disparition : *Le Bain* (1993) et *Le Voyage à La Haye* (1994).

1994. Théâtre Ouvert lui commande une pièce : *J'étais dans ma maison et j'attendais que la pluie vienne*, qui sera mis en espace par Robert Cantarella. À Belfort, Henri Taquet n'ayant trouvé personne pour donner *Les Règles du savoir-vivre dans la société moderne* en appartement, c'est Lagarce qui monte la pièce mais au théâtre avec, seule en scène, Mireille Herbstmeyer. François Le Pillouër, directeur du Théâtre national de Bretagne, lui passe commande d'une pièce : ce sera *Le Pays lointain*. Pour un numéro de la *Revue d'esthétique* consacré au « jeune théâtre », il écrit *Du luxe et de l'impuissance*. Sous ce titre seront réunis et publiés plus tard, ses différents articles et éditos.

Metteur en scène désormais réputé de pièces du répertoire, il met en scène *L'Île des esclaves* de Marivaux au Théâtre Granit. Ce spectacle sera repris en tournée notamment au théâtre de l'Athénée.

1995. Met en scène *La Cagnotte* de Labiche créé à la Coursive de La Rochelle. La maladie progresse, il lui arrive de renoncer à suivre l'équipe en tournée. En juin, Lucien Attoun lui consacre une émission, diffusée en septembre sur France Culture. Au cours du Festival d'Avignon, il participe au « Ruban rouge », émission de télévision portant sur le sida où il évoque avec simplicité son rapport à la maladie. Adapte *Lulu* de Wedekind. Première prévue au Théâtre de l'Athénée le 31 décembre.

Le 15 septembre, achève *Le Pays lointain*.

Répétitions de *Lulu* interrompues comme prévu le jeudi 28 septembre, il doit se rendre à Verdun le samedi pour rejoindre les acteurs de *La Cagnotte* en tournée. Le vendredi, hospitalisé à Cochin où il est suivi depuis longtemps.

Meurt le samedi 30 septembre. Selon ses volontés consignées sur son testament, il est incinéré dans une stricte intimité. Ses cendres reposent au cimetière du Père-Lachaise derrière une plaque anonyme.

Découvrir d'autres textes

Regroupant articles et éditos, Du luxe et de l'impuissance *dévoile de multiples facettes de l'engagement de Jean-Luc Lagarce : dans l'écriture et son quotidien de metteur en scène mais aussi comme citoyen de la cité.*

Nous devons préserver les lieux de la création, les lieux du luxe de la pensée, les lieux du superficiel, les lieux de l'invention de ce qui n'existe pas encore, les lieux de l'interrogation d'hier, les lieux du questionnement. Ils sont notre belle propriété, nos maisons, à tous et à chacun. Les impressionnants bâtiments de la certitude définitive, nous n'en manquons pas, cessons d'en construire. La commémoration elle aussi peut être vivante, le souvenir aussi peut être joyeux ou terrible. Le passé ne doit pas toujours être chuchoté ou marcher à pas feutrés. Nous avons le devoir de faire du bruit. Nous devons conserver au centre de notre monde le lieu de nos incertitudes, le lieu de notre fragilité, de nos difficultés à dire et à entendre. Nous devons rester hésitants et résister ainsi, dans l'hésitation, aux discours violents ou aimables des péremptoires professionnels, des logiques économistes, les conseilleurs-payeurs, utilitaires immédiats, les habiles et les malins, nos consensuels seigneurs.

Nous ne pouvons nous contenter de notre bonne ou de notre mauvaise conscience devant la barbarie des autres, la barbarie nous l'avons en nous, elle ne demande qu'à nous ravager, qu'à éclater au plus profond de notre esprit et fondre sur l'Autre. Nous devons rester vigilants devant le monde, et rester vigilants devant le monde, c'est être encore vigilants devant nous-mêmes. Nous devons surveiller le mal et la haine que nous nourrissons en secret sans le savoir, sans vouloir le savoir, sans même oser l'imaginer, la haine souterraine, silencieuse, attendant son heure pour nous dévorer et se servir de nous pour dévorer d'innocents ennemis. Les lieux de l'Art peuvent nous éloigner de la peur et lorsque nous avons moins peur, nous sommes moins mauvais.

Du luxe et de l'impuissance, p. 17-13.

Dire aux autres, s'avancer dans la lumière et redire aux autres, une fois encore, la grâce suspendue de la rencontre, l'arrêt entre deux êtres, l'instant exact de l'amour, la douceur infinie de l'apaisement, tenter de dire à voix basse la pureté parfaite de la Mort à l'œuvre, le refus de la peur, et le hurlement pourtant, soudain, de la haine, le cri, notre panique et notre détresse d'enfant, et se cacher la tête entre les mains, et la lassitude des corps après le désir, la fatigue après la souffrance et l'épuisement après la terreur.

Du luxe et de l'impuissance, p. 41.

*

Non inspiré d'un autre texte comme c'est le cas avec celui de la Baronne Staffe pour Les Règles du savoir-vivre dans la société moderne *ou le* Journal *de Kafka pour* Nous, les héros, J'étais dans ma maison et j'attendais que la pluie vienne *signe le retour à l'écriture de Jean-Luc Lagarce. Ici, comme en échos à* Juste la fin du monde *se joue sans doute l'ultime visite du fils : il est le sujet de toutes les conversations de cinq femmes qui luttent, une fois encore, la dernière, pour se partager les dépouilles de l'amour.*

L'AÎNÉE. – J'attendais la pluie, j'espérais qu'elle tombe, j'attendais, comme, d'une certaine manière, j'ai toujours attendu, j'attendais et je le vis, j'attendais et c'est alors que je le vis, celui-là, *le jeune frère*, prenant la courbe du chemin et montant vers la maison, j'attendais sans rien espérer de précis et je le vis revenir, j'attendais comme j'attends toujours, depuis tant d'années, sans espoir de rien, et c'est à ce moment exact, lorsque vient le soir, c'est à ce moment exact qu'il apparut, et que je le vis.

Une voiture le dépose et il marche les dernières centaines de mètres, son sac jeté sur l'épaule, en ma direction.

Je le regarde venir vers moi, vers moi et cette maison. Je le regarde.

Je ne bougeais pas mais j'étais certaine que ce serait lui, j'étais certaine que c'était lui,
il rentrait chez nous après tant d'années, *tout à fait cela*, nous avions toujours imaginé qu'il reviendrait ainsi sans nous prévenir, sans crier gare et il faisait ce que j'avais toujours pensé, ce que nous avions toujours imaginé.
Il regardait devant lui et marchait calmement sans se hâter et il semblait ne pas me voir pourtant,
et celui-là, *le jeune frère*, pour qui j'avais tant attendu et perdu ma vie
– je l'ai perdue, oui, je n'ai plus de doute, et d'une manière si inutile, *là*, désormais, je sais cela, je l'ai perdue –
celui-là, *le jeune frère*, revenu de ses guerres, je le vis enfin et rien ne changea en moi,
j'étais étonnée de mon propre calme, aucun cri comme j'avais imaginé encore et comme vous imaginiez toutes, toujours, que j'en pousserais, que vous en pousseriez, *notre version des choses*,
aucun hurlement de surprise ou de joie,
rien,
je le voyais marcher vers moi et je songeais qu'il revenait et que rien ne serait différent, que je m'étais trompée.
Aucune solution.

J'étais dans ma maison et j'attendais que la pluie vienne, p. 9-10.
(« Coll. Classiques contemporains », p. 35-36 ; in *Théâtre complet II*, p. 228-229.)

*

*« Mon incapacité à écrire ça (*Retour à la citadelle*) »,
c'est ce que note Jean-Luc Lagarce dans son journal à
la date du 27 novembre 1983, après avoir assisté à la
création en France de* Par les villages *dans une mise en
scène de Claude Régy. Monté avec succès par François
Rancillac en 1990 et en 2007,* Retour à la citadelle *ouvre
les thématiques chères à l'auteur.*

LA MÈRE. – Tu ne nous écrivais pas. C'est à moi ? Tu ne nous écrivais pas, jamais. Après, longtemps après que tu es parti, j'ai fini par me faire une raison.
J'avais d'autres enfants, quelques-uns. Certains sont morts, et ceux-là sous mes yeux : ce n'était pas beau, dans mes bras parfois... Je vieillissais tellement à cette époque-là, je ne pensais rien, j'avais la tête vide. Des enfants, plein d'enfants, certains que tu n'as jamais connus et qui mouraient là, si vite et si tôt... Je me disais cela, des enfants qu'il ne connaîtra pas, à peine venus déjà disparus, et que j'oublierai, moi aussi, avec le temps, rapidement, c'est certain... C'est drôle, comme je suis ! je disais cela, des réflexions comme j'aime à les faire, à voix haute. C'est drôle. Ces enfants qui se sauvent de mes mains et que mon fils aîné ne connaît pas. Ton père, il ne changera pas, restait là, comme il a toujours été, attendant que je finisse de parler. [...] Mes autres enfants, c'est vrai, ils mouraient, une vraie hécatombe, mais ils auraient pu, s'ils l'avaient voulu, il faut que tu te mettes ça bien en tête, eux aussi, ils auraient pu être Gouverneurs ou Vice-Rois, n'importe quoi d'autre et cela aussi bien que toi.

Retour à la citadelle, p. 35-36.
(In *Théâtre complet II*, p. 174-175.)

Bibliographie

1. Éditions de Juste la fin du monde

Juste la fin du monde, in *Théâtre complet III*, Besançon, Les Solitaires Intempestifs, coll. « Bleue », 1999, 2007[5].

Juste la fin du monde, Besançon, Les Solitaires Intempestifs, coll. « Bleue », 2000, 2007.

Juste la fin du monde, éd. préfacée par Jean-Pierre Sarrazac et suivi d'un dossier sur la pièce et l'auteur, Besançon, Les Solitaires Intempestifs, coll. « Classiques contemporains », 2012[6], 2016[7], 2020[8].

Juste la fin du monde, Paris, Flammarion, coll. « Étonnants classiques », 2020[9].

2. Autres œuvres de Jean-Luc Lagarce

Théâtre

Derniers remords avant l'oubli, Besançon, Les Solitaires Intempestifs, 2003.

L'Exercice de la raison, Besançon, Les Solitaires Intempestifs, 2007.

J'étais dans ma maison et j'attendais que la pluie vienne, Besançon, Les Solitaires Intempestifs, coll. « Bleue », 1997 ; coll. « Classiques contemporains », 2018 (édition préfacée par Alexandra Moreira da Silva et suivi d'un dossier sur la pièce et l'auteur).

---

5. Nous indiquons la première date de publication et éventuellement une deuxième date pour les versions revues et corrigées. Le détail des corrections apportées à l'occasion de cette réédition est disponible sur le site theatre-contemporain.net > textes > Juste la fin du monde > en savoir plus > note sur l'édition 2007.
6. Le texte de cette édition correspond à la version établie en 2007.
7. *Ibid.*
8. *Ibid.*
9. *Ibid.*

Music-hall, Besançon, Les Solitaires Intempestifs, 1992, 2001.

Nous, les héros (version sans le père), Besançon, Les Solitaires Intempestifs, 1997, 2005.

Le Pays lointain, Besançon, Les Solitaires Intempestifs, 1996, 1999.

Les Prétendants, Besançon, Les Solitaires Intempestifs, 2002.

Les Règles du savoir-vivre dans la société moderne, Besançon, Les Solitaires Intempestifs, 1996, 2000.

Retour à la citadelle, Besançon, Les Solitaires Intempestifs, 2006.

Théâtre complet, vol. I : *Erreur de construction / Carthage, encore / La Place de l'autre / Voyage de Madame Knipper vers la Prusse Orientale / Ici ou ailleurs / Les Serviteurs / Noce / La Bonne de chez Ducatel*, Besançon, Les Solitaires Intempestifs, 2000, 2011.

Théâtre complet, vol. II : *Vagues souvenirs de l'année de la peste / Hollywood / Histoire d'amour (repérages) / Retour à la citadelle / Les Orphelins / De Saxe, roman / La Photographie / L'Exercice de la raison*, Besançon, Les Solitaires Intempestifs, 2000, 2014.

Théâtre complet, vol. III : *Derniers remords avant l'oubli / Music-hall / Les Prétendants / Juste la fin du monde / Histoire d'amour (derniers chapitres)*, Besançon, Les Solitaires Intempestifs, 1999, 2007.

Théâtre complet, vol. IV : *Les Règles du savoir-vivre dans la société moderne / Nous, les héros / Nous, les héros (version sans le père) / J'étais dans ma maison et j'attendais que la pluie vienne / Le Pays lointain*, Besançon, Les Solitaires Intempestifs, 2002.

RÉCITS

Trois Récits : « L'Apprentissage » / « Le Bain » / « Le Voyage à La Haye », Besançon, Les Solitaires Intempestifs, 2001.

LIVRET D'OPÉRA

Quichotte, Besançon, Les Solitaires Intempestifs, 2007.

Adaptations théâtrales

Les Égarements du cœur et de l'esprit d'après Crébillon fils, Besançon, Les Solitaires Intempestifs, 2007.

Essai

Théâtre et Pouvoir en Occident, Besançon, Les Solitaires Intempestifs, 2001, 2011.

Articles

Du luxe et de l'impuissance, Besançon, Les Solitaires Intempestifs, 1997, 2000, 2008.

Journal

Journal 1977-1990, Besançon, Les Solitaires Intempestifs, 2007.

Journal 1990-1995, Besançon, Les Solitaires Intempestifs, 2008.

Journal vidéo [DVD inclus : *Journal 1* (51 min.), *Portrait* (1 min.)], Besançon, Les Solitaires Intempestifs, 2007.

Un ou deux reflets dans l'obscurité [extraits du *Journal* illustrés de photographies de Lin Delpierre], Besançon, Les Solitaires Intempestifs, 2004.

Ébauche d'un portrait [extraits du *Journal* choisis par François Berreur pour la scène], Besançon, Les Solitaires Intempestifs, 2008.

Correspondances

Correspondances avec « Attoun & Attounette » [extraits de correspondances et d'entretiens choisis par François Berreur pour la scène], Besançon, Les Solitaires Intempestifs, 2013.

Mises en scène

Mes projets de mises en scène, Besançon, Les Solitaires Intempestifs, 2014.

Traces incertaines [textes pour ses mises en scène illustrés de photographies des spectacles], Besançon, Les Solitaires Intempestifs, 2002.

3. Sur Jean-Luc Lagarce, aux Solitaires Intempestifs

Lire un classique du XXe siècle : Jean-Luc Lagarce [ouvrage pédagogique collectif], Besançon / Paris, Les Solitaires Intempestifs / Scérén, 2007.

JEAN-PIERRE THIBAUDAT, *Le Roman de Jean-Luc Lagarce* [biographie], Besançon, Les Solitaires Intempestifs, 2007.

Problématiques d'une œuvre [colloques Année (...) Lagarce, vol. I], Besançon, Les Solitaires Intempestifs, 2007.

Regards lointains [colloques Année (...) Lagarce, vol. II], Besançon, Les Solitaires Intempestifs, 2007.

Traduire Lagarce – Langue, culture, imaginaire [colloques Année (...) Lagarce, vol. III], Besançon, Les Solitaires Intempestifs, 2008.

Jean-Luc Lagarce dans le mouvement dramatique [colloques Année (...) Lagarce, vol. IV], Besançon, Les Solitaires Intempestifs, 2008.

JEAN-PIERRE THIBAUDAT, *Jean-Luc Lagarce, une vie de théâtre* [biographie], Besançon, Les Solitaires Intempestifs, 2020.

4. Articles, essais, revues et collectifs sur Juste la fin du monde

JEAN-PIERRE THIBAUDAT, *Jean-Luc Lagarce*, Paris, Culturesfrance, 2007.

JEAN-PIERRE RYNGAERT, « Dire avec une infinie précision », in *Lire un classique du XXe siècle : Jean-Luc Lagarce*, Besançon / Paris, Les Solitaires Intempestifs / Scérén, 2007.

GILLES SCARINGI, « Une proposition de lecture de *Juste la fin du monde* », in *Lire un classique du XXe siècle : Jean-Luc Lagarce*, Besançon / Paris, Les Solitaires Intempestifs / Scérén, 2007.

BERTRAND CHAUVET et ÉRIC DUCHÂTEL, *Jean-Luc Lagarce : « Juste la fin du monde », « Nous, les héros »*, Paris, Scérén, 2008.

ALEXANDRA MOREIRA DA SILVA, « Briser la forme : vers un paysage "fractal" (*Juste la fin du monde* et *Le Pays lointain*) », in *Jean-Luc Lagarce dans le mouvement dramatique*, Besançon, Les Solitaires Intempestifs, 2008.

CATHERINE BRUN, « Jean-Luc Lagarce et la poétique du détour : l'exemple de *Juste la fin du monde* », in *Revue d'histoire littéraire de la France*, Paris, P.U.F., 2009.

CATHERINE DOUZOU [dir.], *Lectures de Lagarce : « Derniers remords avant l'oubli », « Juste la fin du monde »*, Rennes, Presses universitaires de Rennes, 2011.

JEAN-MICHEL GOUVARD [dir.], *La Littérature française à l'agrégation de lettres modernes : Béroul, Rabelais, La Fontaine, Saint-Simon, Maupassant, Lagarce*, Bordeaux, Presses universitaires de Bordeaux, 2011.

FRANÇOISE HEULOT-PETIT [dir.], *Lagarce ou l'Apprentissage de la séparation : « Derniers remords avant l'oubli », « Juste la fin du monde »*, Paris, P.U.F., 2011.

GENEVIÈVE JOLLY et JULIEN RAULT, *Jean-Luc Lagarce : « Derniers remords avant l'oubli », « Juste la fin du monde »*, Neuilly-sur-Seine, Atlande, 2011.

BÉATRICE JONGY [dir.], *Les « Petites Tragédies » de Jean-Luc Lagarce : « Derniers remords avant l'oubli » & « Juste la fin du monde »*, Neuilly-lès-Dijon, Murmure, 2011.

FRANÇOISE DUBOR [dir.], *Le Théâtre de Lagarce du point de vue de la joie : « Derniers remords avant l'oubli », « Juste la fin du monde »*, Rennes, Presses universitaires de Rennes, 2012.

PASCAL LECROART et JULIA PESLIER, *Skén&graphie*, n° 5 : *Juste la fin du monde, de Lagarce à Dolan*, Presses universitaires de Franche-Comté, 2017.

MAGALI RABOT, *Jean-Luc Lagarce, Juste la fin du monde : Parcours « crise personnelle, crise familiale »* [programme de français – première], Paris, Ellipses, coll. « L'œuvre et son parcours », 2020.

FLORIAN PENNANECH, *Profil – Lagarce, Juste la fin du monde*, Paris, Hatier, coll. « Profil Bac », 2020.

5. Biographies, essais, revues et collectifs sur le théâtre de Jean-Luc Lagarce

Fabrizio Ara, *En attendant... Lagarce : l'attente eschatologique dans le théâtre de Jean-Luc Lagarce*, [s.l.], Jannas, 2010.

Jean-Pierre Sarrazac [dir.], *Europe*, n° 969-970 : *Jean-Luc Lagarce*, janvier-février 2010.

Claire Doquet et Élisabeth Richard [dir.], *Les Représentations de l'oral chez Lagarce : continuité, discontinuité, reprise*, Paris, L'Harmattan, 2012.

Julie Valero, *Le Théâtre au jour le jour : journaux personnels et carnets de création de Didier-Georges Gabily, Jean-Luc Lagarce et Jean-François Peyret*, Paris, L'Harmattan, 2012.

Lydie Parisse, *Lagarce : un théâtre entre présence et absence*, Paris, Garnier, 2014.

Agathe Zobenbuller, *Le Motif du palimpseste chez Jean-Luc Lagarce*, Paris, L'Harmattan, 2018.

6. Travaux universitaires inédits

Julie Sermon [dir. Jean-Pierre Ryngaert], *L'Effet-figure : états troublés du personnage contemporain (Jean-Luc Lagarce, Philippe Minyana, Valère Novarina, Noëlle Renaude)* [thèse], Paris-III Sorbonne Nouvelle, 2004.

Alexandra Moreira da Silva [dir. Ana Paula Coutinho Mendes et Jean-Pierre Sarrazac], *La Question du poème dramatique dans le théâtre contemporain (Jean-Luc Lagarce, Sarah Kane, Howard Barker)* [thèse], université de Porto et Paris-III Sorbonne Nouvelle, 2007.

Nicolas Colin [dir. Jean-Pierre Sarrazac], *Temps et Mémoire : la philosophie de l'écriture chez Jean-Luc Lagarce* [mémoire master II], Paris-III Sorbonne Nouvelle, 2008.

Christophe Jill [dir. Jean-Pierre Sarrazac], *« Seuls ensemble » : dramaturgie de la séparation – Lagarce, Kane, Fosse, Kwahulé* [mémoire master II], Paris-III Sorbonne Nouvelle, 2009.

JULIE VALERO [dir. Catherine Naugrette-Christophe], *Entre intime et poétique* [thèse], Paris-III Sorbonne Nouvelle, 2009.

MARIE-ISABELLE BOULA DE MAREUIL [dir. Jean-Pierre Sarrazac], *Le Jeu avec le passé dans le drame contemporain* [thèse], Paris-III Sorbonne Nouvelle, 2010.

CRISTINA VINUESA MUÑOZ [dir. Christophe Bident et Vicente Bastida Mourino], *Manifestations circulaires dans l'œuvre théâtrale de Jean-Luc Lagarce* [thèse], Paris-VII Paris Diderot, 2011.

ULYSSE CAILLON [dir. Catherine Naugrette], *L'« autocatharsis » chez Jean-Luc Lagarce et Pippo Delbono* [thèse], Paris-III Sorbonne Nouvelle, 2012.

AURÉLIE COULON [dir. Luc Boucris], *Mises en jeu du horsscène dans le théâtre de Marguerite Duras, Bernard-Marie Koltès et Jean-Luc Lagarce : approche dramaturgique et scénographique* [thèse], Université Grenoble-Alpes, 2016.

ALESSANDRO BADIN [dir. Jean-Marie Roulin et Stephano Genetti], *Écriture du Sida : écritures de l'intime : Hervé Guibert, Cyril Collard, Jean-Luc Lagarce* [thèse], Lyon-III), 2016.

ALINA KORNIENKO [dir. Gérard Desson], *Le Théâtre de Jean-Luc Lagarce : les infinis locataires de la parole* [thèse], Paris-VIII, 2018.

PAOLA GIUMMARRA, [dir. Paola Ranzini et Paola Daniela Giovanelli] *La Langue au théâtre : expression d'une identité culturelle ?* [thèse], Université d'Avignon, 2018.

WAFA MAHJOUB [dir. Béatrice Bonhomme], *Écriture diaristique, poétique et dramatique dans l'œuvre de Jean-Luc Lagarce : hybridité générique* [thèse], Université Côte d'Azur, 2018.

SITOGRAPHIE

lagarce.net renvoie sur *theatre-contemporain.net* où vous trouverez de nombreuses ressources sur Jean-Luc Lagarce et sur le thème « Crise personnelle, crise familiale », avec notamment le référencement de tous les ouvrages concernant l'auteur, et, *via* la page de *Juste la fin du monde* :
– les différentes mises en scène de la pièce ;
– les traductions ;
– la genèse de son écriture grâce au projet *FANUM* de l'université de Bourgogne-Franche-Comté qui a numérisé toutes les archives. (Celles-ci sont déposées à l'IMEC, Institut de la mémoire de l'édition contemporaine, à Caen) ;
– des pistes pédagogiques ;
– un lien vers la page du scénario de Xavier Dolan avec sa conférence de presse au Festival de Cannes.

theatre-en-acte, proposé par Réseau Canopé dans le cadre de Éduthèque, présente des pistes pédagogiques et des scènes comparées en vidéo de plusieurs mises en scène. (Site réservé aux enseignants.)

odysseum, proposé par *eduscol.education.fr*, met à disposition un dossier complet sur *Juste la fin du monde* où la pièce est confrontée à la tragédie grecque, notamment sur la question de la fratrie.